講演「禅とキリスト教の出会い」
（聖イグナチオ教会, ヨセフホールにて　2015年10月）

ローマ教皇訪日時にフランシスコ教皇と
（ロヨラハウスにて　2019年11月）

禅とキリスト教

禅とキリスト教

クラウス・リーゼンフーバー提唱集

クラウス・リーゼンフーバー 著

知泉書館

序　文

この書は、リーゼンフーバー神父様の禅黙想中の「提唱」をテープ起こしして収録したものです。膨大なテープの記録は、神父様自らが率先して座り、学び、祈り、その祈りの体験を深く思索して、初心者の私たちを導くために発せられた言葉であり、その中で長年積み重ねられて珠玉の言葉となったものを後世に伝えようとして、編集者たちの並々ならない努力によって編纂されて生まれたものです。

懐かしい神父様、この『提唱』を手にして、四〇年も前のことを今のことのように思い起こします。私は、アガペ会創立の一九八二年より前から、有志の哲学生たちと共に、読書会、禅黙想、ミサに与る機会も与えられたことを大きな恵みだったと感じております。それは、一九八〇年に遡ります。ヴァルター・カスパー著のキリスト論『イエズスはキリストである』（犬飼政一訳・あかし書房）が翻訳出版された年で、神学生の私にリーゼンフーバー神父の読書会でこのW・カスパーのキリスト論を取り上げるので参加してみないかと、須沢かおりさんから誘われたことから始まります。当時、須沢かおりさんは大学院に籍を置き、秋川神冥窟に住んで英国への留学の準備をしておられました。読書会には、今はイエズス会士となり哲学科教授の長町裕司神父さんがまとめ役になって、現神学科教授の光延一郎神父、そして須沢かおりさん（二〇一九年一二月に六二歳の若さで、ドイツにて急逝されました。エディット・シュタイン研究の第一人者として活躍、岡山ノートルダム清心女子大学教授、ここに学究に命を惜しまずささげられた須沢様を記して感謝をささげます）や、数名の学部生、教区神学部生としては仙台教区の故川村英成神父（一九八四年ベネディクト会に入会、一九四九―二〇一三年）など、卒業生や他大学生、多くて八名ほどの有志が参加していました。今から思うと、神父様から霊的指導を受けて、司祭職を模索している哲学生たちだったのです。この読書会において、神学部では得られない神学の喜び、知りたかったことを知る喜びを感じ、離れがたい学びの場になりました。読書会と座禅、信仰の理解を深めながら、座ること。神学の基礎となる科目として、神父様の教える授業科目はすべて履修していたのですが、座ることによって信仰の理解がはるかに深まり力になるように感じたのです。

当時イエズス会の岡俊郎神父や門脇佳吉神父（一九二六―二〇一七年）が愛宮真備神父（ラサール・フーゴ、一八九八―一九九〇年）の後に続き、カトリック禅や瞑想のブームでした。門脇佳吉先生の哲学科の人間学の授業では、（体験学習として）大森曹玄老師の禅道場の接心に与ることがありました。私もその時に初めて禅を体験し、度々接心に通いました。それは、私にとっては、祈りの方法としての禅の修行でした。また、欧米では「Centering Prayer」（中心に向かう祈り）としてマントラを繰り返して唱えることが行われていました。

ところで、愛宮ラサール神父は山田耕雲老師の弟子となり、門脇佳吉神父は臨済宗の大森曹玄老師から嗣法（一九八二年）されましたが、リーゼンフーバー神父様は曹洞宗の所作を学ばれましたが、師と仰ぐような禅の老師に従われることはありませんでした。また、カトリック信仰と禅の関係についても疑念を持たれませんでした。この『提唱』のなかで語っておられるように、「禅の特徴は、純粋な実践だという点にある。つまりそこでは、何らかの信仰宣言が根本となっているのではない。……ともかくやってみる、ということが大切なのである。そこには仏教的な世界観や人生観もまた含まれていない。禅はそれ自体として全く中立なのであって、だからこそ誰にでもできるものなのである。」（第一〇章「禅と宗教」一禅と仏教）というふうに、宗教としての禅でもキリスト教の祈りの方法としての禅でもなく、むしろ神父様の宗教哲学で教えておられる「超越」との関係に気づき、人間存在と日々の生き方を深める修行として、実践され勧められたかと思います。神父様の「超越」への関心と研究と実践をご自身が分かりやすく説明されたものに、長崎純心大学での三日間の講演があります。それは、『超越に貫かれた人間』（長崎純心レクチャーズ第六回　創文社）としてまとめられています（同著、一七五頁「宗教的行為の構造」参照）。

もう一言書き添えれば、禅の接心のなかで語られた「提唱」は、『超越に貫かれた人間』の信仰実践版といってもよいとおもいます。何故なら、この「提唱」には、信仰者として、司祭として、二八年間の期間に、修道者・信者が接心に参加する集いの中で何度も語られたことばが収録されています。それは霊的指導のエッセンスとして不朽の香りをはなっています。神父様が強調されたことは、ただただ「坐る」ということでした。「提唱」は、しかし、その「坐る」ことによって起こる、さまざまな体験や課題を整理して導いて下さっています。それは、同時に神父様ご自身の哲学者としての、私たちに向けて語られた対話と思索の記録でもあると感じました。

この原稿を手にすると、神父様の立ち居振る舞いが目に浮かびます。神父様が最も指導に力を入れておられたのは、超越者との体験に導く実存的な祈りです。ご自身がまず傾聴する場としてのクルトゥルハイムでの、謙遜と優しさに満ちた禅の坐り方、息の仕方、歩き方などが目の前に現れてきます。読むだけでも、禅の黙想に日々を過ごした若き日の真剣な心に再び立ち返る力を与えていただける予感に満たされました。

懐かしい神父様、多忙を極める中でも、神父様は一人一人を心にとめ、気遣ってくださったことに感謝申し上げます。理解力に劣る私のような者にも優しい励ましを下さり、私の父の病気に際しても、母の葬儀に際しても小さな自筆の心を込めた慰めのはがきをいただきました。療養中の神父様には、慰めと優しさに満ちた喜びの日々が与えられますように祈ります。神父様もまた、すべてを超えて善と愛そのものであられるお方、御父の懐で私たちのために祈り続けられることと信じます。この『提唱』を手にした私たちも、善そのもの、愛そのものである「超越」との関わりと交わりにおいて、根源と一つになり、信仰者の共同体と共に「道、真理、命」であるキリストに結ばれて、まことの信仰者の道を歩めますように。

主イエス・キリストのみ名によって。

ご受難修道会司祭　畠　基　幸

目次

第Ⅱ部　私はある

第Ⅲ部　禅と信仰

第Ⅳ部　小さくなる

第V部　日常への帰還

聖書略語

・聖書本文からの引用は、『聖書　新共同訳』（日本聖書協会）に基づく。ただし一部、原文に即して訳し直した箇所や、表記を改めた箇所がある。
・聖書本文から引用する際、旧約・新約聖書の諸文書名を以下の略語を使って示した。

旧約聖書
（創）創世記
（出）出エジプト記
（レビ）レビ記
（民）民数記
（申）申命記
（ヨシュ）ヨシュア記
（士）士師記
（ルツ）ルツ記
（サム上）サムエル記上
（サム下）サムエル記下
（王上）列王記上
（王下）列王記下
（代上）歴代誌上
（代下）歴代誌下
（エズ）エズラ記
（ネヘ）ネヘミヤ記
（エス）エステル記
（ヨブ）ヨブ記
（詩）詩編
（箴）箴言
（コヘ）コヘレトの言葉
（雅）雅歌
（イザ）イザヤ書
（エレ）エレミヤ書
（哀）哀歌
（エゼ）エゼキエル書
（ダニ）ダニエル書
（ホセ）ホセア書
（ヨエ）ヨエル書
（アモ）アモス書
（オバ）オバデヤ書
（ヨナ）ヨナ書
（ミカ）ミカ書
（ナホ）ナホム書
（ハバ）ハバクク書
（ゼファ）ゼファニヤ書
（ハガ）ハガイ書
（ゼカ）ゼカリヤ書
（マラ）マラキ書

旧約聖書続編
（トビ）トビト記
（ユディ）ユディト記
（エス・ギ）エステル記
（ギリシア語）
（一マカ）マカバイ記一
（二マカ）マカバイ記二
（知）知恵の書
（シラ）シラ書（集会の書）
（バル）バルク書
（エレ・手）エレミヤの手紙
ダニエル書補遺
（アザ）アザルヤの祈りと三人の若者の賛歌
（スザ）スザンナ
（ベル）ベルと竜
（エズ・ギ）エズラ記
（ギリシア語）
（エズ・ラ）エズラ記
（ラテン語）
（マナ）マナセの祈り

新約聖書

（マタ）マタイによる福音書
（マコ）マルコによる福音書
（ルカ）ルカによる福音書
（ヨハ）ヨハネによる福音書
（使）使徒言行録
（ロマ）ローマの信徒への手紙
（一コリ）コリントの信徒への手紙一
（二コリ）コリントの信徒への手紙二
（ガラ）ガラテヤの信徒への手紙
（エフェ）エフェソの信徒への手紙
（フィリ）フィリピの信徒への手紙
（コロ）コロサイの信徒への手紙
（一テサ）テサロニケの信徒への手紙一
（二テサ）テサロニケの信徒への手紙二
（一テモ）テモテへの手紙一
（二テモ）テモテへの手紙二
（テト）テトスへの手紙
（フィレ）フィレモンへの手紙
（ヘブ）ヘブライ人への手紙
（ヤコ）ヤコブの手紙
（一ペト）ペトロの手紙一
（二ペト）ペトロの手紙二
（一ヨハ）ヨハネの手紙一
（二ヨハ）ヨハネの手紙二
（三ヨハ）ヨハネの手紙三
（ユダ）ユダの手紙
（黙）ヨハネの黙示録

禅とキリスト教

――クラウス・リーゼンフーバー提唱集――

第Ⅰ部　オリエンテーション

第一章　あるがままの自分であることと努力して自分となること

一　自分がすることと、自分であること

私たちには今、全く静かになって中から新たになる、そういうチャンスが与えられている。そのために、これからの数日間はただ坐って、全ての他のことを放っておいて、流しておいて、心の中で全く静かになることができれば、何よりも実り多いことであろう。

坐禅においては、一生懸命に「やる」ことは確かに一つの重要な課題である。姿勢を整え、自分を突破して、真に努力するということはあっていいし、有用であろう。しかし、その目的は、自分が全く静かになることにある。心の真ん中が不動のままになって、心と頭が全く一つに統一されて、そしてただただ「いる」。そこでは自分がこうする、ああするというよ

りも、ありのままになって、ついていく。これが坐る時には重要である。自分勝手な考えに従ってあれこれしたり、様々な気持ちを抱く、これらは全て雑念にすぎない。このような表面的な思考や行動の以前に、より根本的な真の自分が確かにあるのであって、それに向かって自分を統一しなければならない。

それでは、具体的にはどうすればいいのだろうか。普段私たちは、あれこれとしなければならないことで頭がいっぱいになっている。各自配慮すべきこと、考えておくべきこと、責任や課題を抱えている。しかし今は、この接心の間だけは、それらを全て預けておく。全く心を空っぽにして、その都度常に、今、これだけに集中する。そして、目前の課題が終わってから、次の課題へと移る。頭の中で同時に複数のことを思い巡らすのを止める。そうすれば、私たちの中でより根本的なところが働くようになる。もちろんこれはそう簡単に、すぐにできるとは限らない。しかし、忍耐でもってやらなければならない。心がだんだん中へと還るということに慣れていかなければならない。困難であろうとも、これは確かに可能なはずである。

私たちは一人一人「自分自身」である。それゆえ各自があれこれする以前に、既に自分というものがいるのだ、ということは確かなことである。私たちは自分で自分を創ったのではなく、自分とは与えられたものである。私が自分について考える以前に、既に前もって自分は生きているのである。イエスもまた、「思い煩うな」、「あなたはもうすでに生きて、養われているではないか」(マタ六・二五—三四、ルカ一二・二二—三二参照)と言っている。すなわち、自分が心配したり考えたりする以前にあるところ、そこに本当の自分があるのだ。私たちは自分の思いのみによって自分自身を何かにすることはできない。むしろ自分の中に入るということは、すなわち自分以前のところに遡るということを意味しているのである。

二　信頼と決断

信　頼

心の根底がそのままになるということと、心が聞き取るようになるということは一つだと言える。心の一番深いところに入って、全く静かになって、自分自身からは何一つもあれこれ決めたり考えたりせずに、全くありのままになる。そうすると、外界から色々な刺激を受けるよりも、根本から刺激を受けるようになる。刺激というよりもむしろ、根本から「成る」、根本から自分自身を方向づけてもらう。それは強いて言えば、静かになった心が、何もないところで受け取る、聞くということである。(もっとも、この「聞く」とは、実際に何かが聞こえるという意味ではない。)

そのためには、まず第一に、信頼する態度を持たなければならない。私たちは、自分の努力だけで自分を形成することはできない。人間とは、自分自身で実現する以上に、より大きな存在である。このような人間の偉大さ、限界のなさ、豊かさ、広さを認めなければならない。私たちにできることは、ただ、ついていくこと、協力することだけである。復活との関係においてパウロは、「わたしたちは神に造られたものであり、しかも、神が前もって準備してくださった善い業のために、キリスト・イエスにおいて造られたからです。わたしたちは、その善い業を行って歩むのです」(エフェニ・一〇)と言っている。自分が必死になって焦って何かする必要はない。自分が自分に何かできるとしたら、それは、全ては根本から出てくる、全ては準備されている、ということに信頼することだけなのである。

なぜならば、信頼において私たちは、自分の力が及ばないところまでも根を下ろすことができる。自分の力ではもはや何もできない、しかし自分の力以前のところから良いものが出てくることに信頼し、受け取る。これが信頼するということである。接心においては、全く心配なしに、信頼でもって自分の全てを預けておくのである。

決　断

しかしそれだけにとどまらず、もう一つ、自分自身をとらえなおすということもまた必要である。坐禅の始めにあたって、そしてまた坐禅の後においても、これが重要である。まずはじめに、きちんと自分自身の頭と心をとらえて、本気になって統一する。自分の思いや心があちこちに飛んだりすることを、自分に許さない。これはすなわち断絶して、色々な雑事を放っておくということである。そういう内的な決断性と一貫性を目指すことが大事なのである。それができれば、割と早く、より中心的なところに入ることができる。さもなければ、始めから終わりまで漂ってしまう危険がある。

ではじめに何を決断したらよいのだろうか。単にちゃんとやろう、というだけではなくて、自分が自分自身になりたい、と求めなければならない。自分が自分自身になってもいい、自分が自分自身に、自分であること、自分になることを許す、自分がそれを求める、これを決断するのである。もし自分自身になることができるならば、そこで悪い自分が出てくることは絶対にない、今よりも良いものが出てくるはずだ、と信頼する。心配せずに自分を受け入れて、あるがままになることを求めるのである。

あるがままになるためには、どうすればよいのだろうか。まず第一には、自分がなりたい気持ち、できるようになりたいこと、あるいは経験したいこと、これらを括弧に入れて、棚上げする。自分自身に対して正直になって、そして考えない。何かを考える、ということの裏には、常に、自分が自分自身のことを考えているという状態が潜んでいる。そしてその中には、自分に対する否定や過小評価が含まれている。このようなことがカーテンになって、本当の自分はその裏に隠れてしまっている。そういう自己意識を今は放っておくのである。

社会や家族・修道院の中で自分にどのような役割があるのか、どういう将来があるのか、これらは後々問題にすればよいのであって、今は関係ない。生の自分、元の自分、ありのままの自分になることが出来たならば、これは最もいいスタートになるだろう。ありのままの自分の中に限界のない可能性があることを信頼して、信じてよいのである。

固定化した自分にとどまらない自分

あるがままの自分以上により良い自分を、自分で創ることは出来ない。やはりまずは自分自身を根にして、そこから入って行くほかはない。それゆえ、ともかく自分が自分であっていい。しかし自分が自分であるということの中には、自己主張は含まれていない。なぜならば、自己主張とは自分が勝手にやることだからである。自己イメージとは、自分が描いたものであって、それは自分が「ある」ということではない。自分が何であるのかについて私たちは、ほんの少し触れているだけで、真に知ってはいない。自分とは、完結した固定化された「これだ」というものではなく、限界なしに深まり得るものである。

聖書には、人間に名前があるということについて書かれている（ヨハ一〇・三、黙二・一七、黙三・一二参照）。人間の本当の名前とは、真の自分のことである。旧約では神から名前が与えられる（創三二・二五―二九参照）。それゆえ本物であるところのものが私たちに触れて、そこから私自身も真の自分に触れる可能性が生じる。まずは、心配事を全て預けておいて、本気に、実際にある自分を探してみよう。

他者と比較され得ない自分

私たちは自らに何が足りないかを知っているがゆえに、自信を持てずにいる。しかし大事なのは、自分を人と比較しないことである。坐禅においてのみならず、例えば他の人の置かれた状況や活躍の度合い、恵まれた家族と比較して自分を卑下する、あるいは逆に優越感を抱くといったことは、真の自己とは全く関係のないことである。それらは全て、私が他人について思い込んだ基準にもとづくイメージにすぎない。ありのままになるということは、比較によって得られるものではない。

神が自分自身について言っている箇所では、「お前たちはわたしを誰に似せ、誰に比べようとするのか」（イザ四〇・二五）とある。私たちもまた同様なのであって、私が唯一比較できるところとは、私の根底であるはずだ。そこにある本当のもの自身に根を下ろそうと努める時、人間の唯一の規範は、神の顔、神自身でなければならない。「我々にかたどり、我々に似せて、人を造ろう」（創一・二六）。唯一の規範が自己の根底にあるのならば、他者との間に不統一が生じて協調性が失われる心配はない。中心に自分を任せ、自分の真ん中を貫く、この課題に挑むためには、外的な他者に対する思いを放っておいて、注意力を自分の方に引き戻して、統一して、ただ一つのまっすぐな方向に向かって、思い・身体・自分の全てを尽くさなければならない。

三　課　題

一歩先の課題へ

先ほど信頼について述べたが、この信頼の内には課題も含まれている。自分の考えに頼るのではなく、信頼にもとづいて自分を合わせる、ついて行く。すなわち、実際自分に実現できたことよりもさらに一歩先のところまで見えてくる、実現できる、ということに信頼する。具体的には、もう少し背骨をまっすぐにする、もう少し自分の雑念を無視する、もう少し内的に集中する、というように、常に、その都度その都度坐ることの中には必ず、次の小さな一歩においてなすべきことが含まれている。今の労苦の辛さなどにとらわれずに、自分に今実際に与えられた心の可能性にまでついていく。あるべき自分と実際の自分との間にギャップが生じてはならない。やるべきことをやるはずが、退いてしまうと、心の中に嵐が始まる。

坐禅とは常にもう一歩、もう少し、もう少しという風に進んで行く営みである。これが、私たちの唯一の内的な課題なのである。

課題を実現する方法

内的統一　それでは、このような課題をどうやって実現すればよいのだろうか。坐禅における様々な具体的な方法を学んで、皆様もそれは守っていらっしゃるのではあるが、それ以前に本当に唯一必要なのは、心を統一して静かにしておくことである。その他の全てはそのためにこそある。姿勢や呼吸などの具体的な様々なヒントは長い経験から練り上げられてきたのであって、当然意味があり、これを守らなければ横道にそれる可能性は大いにある。しかしこれらは、内的に統一して一貫したものとなるためのちょっとした手助けにすぎないのであって、姿勢や目のもち方が正しいかどうか、などと不安にとらわれてはならない。ともかく今自分にできる限りでやって、しかし中心的な心の重点は、一歩先にある。静かな何もないところに向かって集中する、これだけが重要なのであって、他の全ては後からついてくる。

イエスも、ともかく「何よりもまず、神の国と神の義を求めなさい。そうすれば、これらのものはみな加えて与えられる。だから、明日のことまで思い悩むな。明日のことは明日自らが思い悩む。その日の苦労はその日だけで十分である」（マタ六・三三―三四）と言っている。これは坐禅にもあてはまるだろう。今日の努力、今日の課題だけに集中して、その後のことは全く考えない。ともかく一つだけということをテーマにする。この「一つ」とは、ものでもどこかの場所でもなく、心の中の統一のことである。接心の間は本を読んだりあれこれ考えたりせずに、ただこの統一から手を離さずにいなければならない。

そのためには勇気を持たなければならない。この勇気とは、信頼よりもさらに根本的なレベルで必要となるものである。信頼とは、単に何とかなるだろうという安易な考えのことではない。自分の思いをただ一つだけに尽くすならば、たとえそこから何がもたらされるのかは分からなくとも、必ずや良い実りが得られるであろう、と信頼することである。その上で、ただ一つのところに自分の全てを尽くす。丁寧に、しかし一貫して、静かに、徹底的に尽くす。そこから離れないことが重要なのである。

接心中の態度　そのためには、呼吸が有効である。人間はともかく呼吸を忘れることはないのであるから、常に呼吸と共に一なるところとつながるようにするとよいだろう。心と身体・呼吸、その全てが調和的に一つとして動く、心身合一を目指すべきである。

この調和を乱すようなものが外部から侵入しても、相手にしない。具体的には、例えば廊下を歩いていても、掲示物など様々な物が見えても今の自分には関係ないものとして、接心が終わるまでは目を留めない。私たちは普段多くのことに気を配っている。もちろん、本当に必要なことであれば、何なりと自らの内に受け入れても損にならないかもしれない。しかし単なる好奇心によってあれこれと目を留めるのであれば、それは中心的に見るべきところに背を向けて逃避しているにすぎない。その裏には、自分が真にこれだけに向かおうとしている、その中心的なところを信頼していない、という態度が潜んでいる。外的なものごとは、それ自体として悪であるわけではないし、自らの課題として引き受けるべき場合もあるだろう。しかし坐禅会の間はその時ではない。今はまず内的な繋がりを見出すことが課題なのであるから、外からのインプットはなるべく少なくしなければならない。本を読んだり目をあちこちにさまよわせたり、ましてや人に声をかけたり、それに応えたりすることは一切してはならない。

自己の内への道を開くということは、中へのパイプを深いところまで下ろすということである。これが今なすべき課題である。それゆえ、たとえ静かに坐っても、抽解《ちゅうかい》（坐禅と坐禅の間の短い休み）や休憩の時にはまた気を散らすようでは意味がない。常に同じ一つの態度で通さなければならない。食事の時も、根本的な自分との接点を保ちながら、ただ今食事を楽しんでいただく。必要なものは受け入れつつも、しかしとらわれてはならないのである。皿洗いにおいても、一生懸命にやると共に、心の根底は一つにあることを忘れてはならない。それゆえ、互いに一切会話せず、あたかも自分が全く一人でいるかのように作業する。それと同時に、自然と他の方が共に働いてくださる気配を感じて、自分も他の人に迷惑にならないように配慮はすべきであるが、しかしそれはあくまでも付随的に生じるのであって、主たる関心を向けるべきではない。

時　間　内的な統一と集中・静けさの内にあると、時間を一切構わないようになる。今もう何分たったのか、あと何分坐らなければならないのか、これは雑念である。今ここにいる、その「今」というところには限界がない。あと何分間などと考えることは、条件付きで「いる」ことである。このような留保なしに坐り込む、無条件的に「いる」。そこで全く任されたままで、集中してただ今だけに入っていく。

呼吸においても、ただ「今」の中に根を下ろし、「今」の中に尽きる。次は何をすべきか、次の呼吸はいつ始まるのかと、「今」を越えて焦る必要はない。次のことは自然に出てくるのであって、ただ今に尽きる、任されたままでいる。

このように時間を意識の中から取り除くようにつとめることは大変有用である。時間は人間にとって中心ではない。時間は、私たちが周囲との関係において行動する形式・尺度であるが、本来は心の根本にはなくてもよいものである。次にどうなるのかを考えると、そこでもう「今」から飛び出してしまう。「次」は今の自分の問題ではない。「今」を相対化してそこから離れると、「今」の内に自分が触れることができるはずの、その本当のあり方から逃げることとなり、自分の思いの中に入って雑念が始まってしまう。

「今」の中で私たちは何ひとつ欠けることなく本当のものに触れている。そこで心は聞くものとなる。限界なし、底なしに本気で「今」だけに尽きる。前もって何か先取ったりすることなく、落ち着いて今の中にいる。その中でこそ内的な発展が実現する。この「今」に丁寧についていって一つとなるということが大切なのである。

四　限界のない成長

内的には、自分が「ある」ということは、同時に自分が成る、成長するということでもある。「ある」ということは、単なる既成の状態ではなく、もう少し、もう少し、透明になる、統一的になる、本気になる、受け入れる者となる、限界なしに深まっていくことを意味している。それは、私たちの自己のあり方とつながっている。すなわち自分というものは、ただこのものとしてそこにある、というようなものではない。自分には限界のない深みが備えられている。私たちはまだそのような深みに到達していないにしても、しかし人間がどこまで伸びることができるのか、そこには基本的な限界がない。自分を純粋に育て導いていただくならば、人間の内的な発展にはいかなる限界もない。

このような発展は、自分の思いによるものではない。坐禅とは、全く柔らかくなることである。柔らかくなるとは、心が頑なさを失って、決まりきったパターンを相対化し、超えること、変化を可能にすることである。心が柔らかくなるとは、心が生きるということでもある。坐禅とは、自分が生きる者となる道である。生きるということは、生命自体が私の真ん中を通して湧き上がってくるようにと願うことである。中から生きるならば、生に対する不安はもはや必要ではなく、再び生きる勇気を取り戻すことができる。こうして、安心して生きる、そして何よりも深く賛成して生きることができるようになるであろう。

坐禅とは、他の何ものも一切存在しないかのように、すなわち、自分の努力だけによるかのように坐ると同時に、全てが導きであり、与えられることに信頼するということでもある。自分が全てをやると共に、自分が何もしないかのように、ただただゼロ点に戻ってそのままにいる。このように坐っていこう。

（二〇一〇年四月二十四日）

第二章　具体的な方法

一　自己自身を探し求める

私たちがこれから過ごす一日の全体の、唯一の課題は、坐ることを通して道を開くということである。ただ一つの道しかない、ということを心にとめておこう。坐ることは、心がバラバラになるのではなく、自分の心も体も、全てがただただ一つになりきるということである。

坐るときには、外に何かを求めるのではなく、自分の真ん中を通して、本当のところを探し求める。まずは、本当の自分自身を求める、というところから入っていく。まだ自分が発見していない自分――私の最も近くにありながら、しかし、どこか自分と一致していない、自分の本当の可能性――これはつまり、自分がまだ十分には生きていないということでもある。この、「まだだ」という意識が、まさしく出発点となる。まだだということ――大疑念とも言う――それはすなわち、何かが欠けているということである。それを外に探すのではなく、探すべきものは自分の中にあるはずだ。外に対して意識を向けたり、自己の外部で何かあれこれしても、そのあれこれの中には本当の自分はいない。自分の根本的な存在そのものとつながってない、未だ十分に生きてはいないという自覚、これがまず、出発点となるだろう。

しかし、本当に自分が自分自身になって、自分の根底とのつながりの中で生きることは、必ず可能なはずである。では、なぜそんなことが保証されているのか？　それは、私たちには自己意識があるからである。自己意識とは私が自分自身を意識することであり、それゆえ私は必ず自分自身とつながっている。それでは、自分がそれとつながっているという、その自分というものを、いったいどのようにしてとらえ、実現したらいいのだろうか。

実はこれは全く不明瞭なのだと、正直に認めなければならない。私たちは禅において、自己の真ん中を通してそれを求めているのだが、では何を求めるのかというと、はっきりと指摘することができない。自分が中心的なところとずれて、つながっていない。しかし、では中心的なところとはどこにあるのか、どうあるべきか、これもまた分からない。それを探し求めなければならないのである。自分の中で既に何かが出来ているということを否定する必要はないが、しかし、何か出来ているということを基盤にすることもない。皆さんの中には既に永年坐っている方もいらっしゃるが、それでも、本当に出来ているのか、その確信がない、というのが本当のところだろう。確信をつかめていないということを正直に受け入れる、それはすなわち、具体的な仕事や人間関係といった表面から自分を把握しても、まだそれは中心ではないということを、自分の中に認めることである。少しでも自分自身に近づいたならば、自分の確信を捨てるのではなくて、少し脇に置いておいておこう。そして、旅人となろう。単純に探し求める者となろう。これが私たちの出発点である。

そのためには、自分についてのイメージや個性を重要視すべきではない。自分の本当の個性とは何なのか、私たちには分かっていない。むしろ私たちはまず、「人間」になるべきなのだ。まず人間になっていなければ、個性には何の価値もない。本当の人間となることこそ、大きな一歩となるのである。

二　具体的な方法

静　寂

それでは、具体的にどうすればいいのだろうか。私たちは今、全く静けさに入っている。この静けさに道案内人になってもらおう。静かになるということは、周りの静けさを吸収して、静けさと触れ合って、対立のない調和に入るということである。そして、その静けさを私たちは、自分の中に見つける。

そのために、まずは、考えないことが大切である。自分の中の対立や傷、頭と心に引っかかっていること、そのような気持ちはどれも自分の中心ではない。そのようなものは全て流しておいて、棚上げして、そしてもっと静かなところへと戻ろう。

私たちは全く沈黙の中に入るのであるから、たとえ目だけでも挨拶などする必要はない。全く独りきりで旅人となり、自分一人になる勇気が必要である。坐るときだけではなく、皿洗いや食事においても、皆と共にあっても独りきりで、全面的な沈黙のもとで行うべきである。ただただ根本的に、自分の心の根底に戻って、それと接触していることが大切なのである。

坐るときに手足を組んで、目線を自分の近くに留めておくのは、エネルギーが外へと流れ出ないためである。心・精神のエネルギーが外に結びついて、自己に生じていることを外側から観察する、そのような働きを一切眠らせて忘れてしまうと、私たちの内的なエネルギーは自然と自分の中に戻ってくる。そのために目線を自分の近くに留めておく。

頭と心、頭と身体が一つに溶け込んだ心身合一の状態は、私たちの本来のあり方に近いものである。頭であれこれを考えたり、問題を解決したりすることをいったん遠慮して、自分が自分と合致すれば、より深い本当の自分の中に解決はあるはずだ。そこで自分の本当の道が始まる。それゆえ、気を散らさないことが大切だ。坐るときだけではなく、廊下を歩いても皿洗いや作務（接心中に行う掃除などの作業）をしても、自分の部屋に戻ってきても、静かに、しかし、徹底的に自分との接触を保って、気を散らさずにいなければならない。外に対しては自分はいないものとして、中へと向かっていくのである。

このように深く深くなることが、第一の課題である。沈黙において心が自分自身を貫いて、自分自身とつながる。私たちは自分全体で自分に戻って、自分の全体がある意味「目」となり、理解となり、力となる。そこでは、例えば頭は働いているが体は眠っている、というような状態ではなく、全体が実際に自分自身を貫いている。常に深く醒めていて、しかし頭だけ独立して働くというのでもない。

沈黙の唯一の例外は独参《どくさん》（接心の期間中に参禅者が指導者と一対一でする面談）であるが、これは指導者とのごく短い対話である。今自分が坐っていることと直接関連する点について、例えば坐っていて上手くいかないとか、分からないこととか、あるいは内面的な問題などについて話す。独参で話したこと、言われたことは、その場限りで消し去って、ただ坐ることが大切である。

調　身

内的な集中を実現するために、坐禅には様々な決まった形式がある。まずはそれに全面的に自分を合わせて、形を通してつかむことが求められる。

私たちはこれから何回も合掌・お辞儀をすることになる。禅堂に入るとき・出るとき、単

（禅堂において各自が坐る席）の前で自分が坐る際に向かう方向に対して、あるいは輪の中心に向かって他の方に対して、また坐り終わって鐘が鳴るときにも、合掌・お辞儀をする。これは自分全体が大事なことに対して尊敬をもって関わるということである。そしてそれは、「どうぞ」と自分が開かれているということでもある。お辞儀することは、自分を無にして、自己中心性・自己主張をなくすということを意味している。そういう風に坐り込む。坐り込むということは、今、ただただ「いる」ということである。あれこれを「する」よりも、自分の全てでもって「いる」。

これは、禅の伝統の中では「自覚」と呼ばれる。自覚とは反省ではない。自分の問題を思い巡らすのではなくて、自分の内面・存在全体とつながって、静かに自分の全体でもって、今、やるのだ、ということである。

歩くときにはいつも手を合わせたまま、目を右左に向けたりせずに、経行《きんひん》（坐禅の間に堂内を静かに歩くこと。一呼吸する間に足の長さの半分だけ歩を進める。手は左手の親指を内にして握り、胸に軽く当て、右手を重ねる。）と同じ形を保つ。これは、自分の全体が自分の方に戻って、自分が自分自身に触れて、自分自身と一致するためである。食事や作務・皿洗いのときも、今全面的にそれにたずさわりながら、しかし、気を散らしたりせずに、終わればまた自分に戻る。部屋の中でも、坐るときと基本的に同じような態度で内的な統一にとどまっていなければならない。

坐るときには、まっすぐに坐る。姿勢のポイントは下から上まで一本になるということである。背骨の一番低いところから腰、そして頭が天井に触れるかのように一本に上まで伸びる姿勢は、大変効果的である。自分の内的完成がそこから始まる。少しだけ目を開けたままで、しかし外にあるものに注目したりせずに、ただ、入ってくるべきものは自然に入ってきて、自然に消えていく。あくまでも中心は自分の中にある。

坐るときには、何も考えないでまっすぐになっている。背骨の一番下の深いところを持ち上げて、中に押して、そこから上に伸びていく。そのためには、自分の内的な力を全て使わなければならない。これは腰に力を入れなければ不可能だろう。全ての力を出して、しかし、あれこれ考えることはしない。全部がある意味開かれて一本になっているのだが、自分の勝手な気持ちや考えを中心にして意識を働かせることをやめる。

そこでは、私たちは煙突のようなものになる。徐々に進歩すると、息が通るようになる。

自分に執着して雑念が入ると、息が通らなくなる。では、何が「通る」のか？　それは自分なりの考えではない。ある一つの考えに執着すると、また脱線してしまう。どこにもぶつからず、どこにも執着しないで通すと、開きのためのよい状態になってくる。欲望や執着・怒りのような本当でないものを抜きにして、一本になることができたら、本来の自分、本気の自分が通るようになる。そこに、本当のものが入ってくる可能性が開かれる。本当のものとは、ごまかしや脱線・心配事のように曲がったものではない。まっすぐになるということは、一番下と一番上が一本になることである。一番下の自分の根っことは、そこから自分が出てきているところであり、一番上とは、そこで人間が自分自身を突破して貫くところである。人間が自分以前のところ、根底に向かって自分を超えること、これが求められているのである。

調　息

そのためには、呼吸でもって、呼吸に導かれて、自分の全てを通してやることが大切だ。古代の人たちは息を霊、命と呼んでいた。呼吸が自分の全体を通っていくかのように感じて、自分の存在の全て、足までも、指先までもが呼吸となるようにしよう。

その際、吐く息のほうを長く通すことがポイントである。呼吸が導き手となって、重力が呼吸に導かれて、呼吸に乗っていって、呼吸を通してやっていくとよい。呼吸を多少長くすると、重力が呼吸と合致して、意識がずっと深まっていって、中に戻ることができる。そうやって自分の存在の全体を貫いていくのである。元々の自分がそれとつながって生きることができるようにしよう。

集中するためには息を数えるという方法がある。イチ、ニ、サン、あるいは一つ、二つ、三つというふうに、一つの息に一つの数字を数える。これには三つの方法がある。基本は、吐く方を数えるやり方である。この数字自体には全く意味はないが、注意しないと途中でやめたり眠ったりしてしまうので、集中して行うという意識を働かせるには良い方法である。一から十まで数えてはまた戻って、常に同じことを繰り返すことを通して意識が働き、意識がだんだん自分のより深いところまで関わっていくようになる。逆に吸う方を数えることもできる。これは眠いときなどに役に立つことがある。あるいは、吸う息と吐く息の両方を数える方法もあるが、これはかなりのエネルギーを必要とする。

これらを数息観と呼ぶのだが、数えないでやる随息観という方法もある。数そのものは特に重要ではなく、どちらかを選んでやればいいだろう。初めから随息観だけを用いて、ただ集中して、落ち着いてどこにも力を入れないで、穴がなく漏れるところがないように意識を一つとしてやるのもいいだろう。そうして段々に意識が自分自身に触れて、自分自身の中に入るようになってくる。こうして、内的な心の統一が得られる。

どちらにしても、ともかくそれを通すことが肝心である。そして、坐るときも、廊下を歩くときも、食事のときに少し早く食べ終えてまだ他の方が食事を食べ続けている間にも、常に呼吸を数えて集中し続けなければならない。部屋の中でも、朝目覚めたらすぐに呼吸に戻って、同じようにやることが大切である。これは、内的な統一のためである。

調　心

第三の重要な点は、考えないということである。考えないということは、想像しないということ、自己の中にいて、外のものごとに拘らないということである。

人間の意識的な活動の特徴は、常に何かを考えたり行ったり、何かを喜んだり嫌ったり、つまり、常に一つのテーマ・状態・対象と関わっている、という点にある。私たちの意識はあれこれの問題へと開かれており、それでもって私たちは、世界内の様々な現実に触れている。しかし私たちは、一なる自分そのものをそういうレベルには見出さない。私たちは、根底に戻って、そこから、自分自身に触れて、本当の自分とつながることができるよう求めている。

先ほど沈黙・静けさの重要性について話したが、対象との関係を一応保留しておくべきである。外的対象よりもまず内的対象、自分の中にあるあれこれの考えや気持ちに立ち入らないでおく。それでも雑念が出てくることがある。これは、外的対象を捨ててもなお、何かをやろうとか、何かを嫌がるとか、内的な関わり方がまだ残っているからである。それが心の中で何らかの関係を対象として作り出している。対象そのもののみならず、何かの対象に注意力を向けたりするということ自体をやめなければならない。そのためには、これとかあれとかを、自分の中へと引き戻さなければならない。

通常自分との関わりにおいては、一方に自分が、他方に対象がある。それゆえ注意力が、自分に対する注目と、これあれの問題やイメージとの二つに分かれてしまう。これら二つは、これに関心を持っているから考えたいとか、これは自分にとって堪え難いから、意識が力に引っ張られて規定されているなどと、互いに影響を及ぼしあっている。そのような分裂を全て一応そのままにしておいて、立ち入らないで、自分の意識をある方向に向けたり、悲しんだり怒ったりする考えをしばらくやめる。とらわれずに、もっと自分自身との接触にとどまろうとするべきである。あるいは私たちは悩むのが好きなのかもしれない。何かを欲しいというような悩みに対して、なかなか手を離そうとはしないものだ。しかし、もっと深いところに戻るということは可能なはずだ。私たちの意識には様々なレベルがあって、あまり区別がないままになっている。表面的なところは重要ではなく、心の中で根本的な問題が動いているのであって、注意力が外に出しているエネルギーを自分の方に引き戻す、これが内的な心の統一なのである。先ほど話したように、具体的には息に結びつけると、これを把握するのに役に立つだろう。

さらには、時間に全然注目を置かず、時間を忘れることが大切である。私たちには見えるもの・空間についての感覚と、時間についての意識・感覚の二つがある。これらの感覚は、ただ自分がまっすぐに坐り、まっすぐに歩くためだけに必要なのであって、それ以外には関係のないものである。時間は全然重要ではないのであって、時間よりも深い意識に入ることで、空間・時間以前のより深い自分の方に戻ることができるのである。

三　真　理

真理を生きる

このように坐ることを通して、人間は自分自身と合致することができる。主体と客体の分裂、自己と対象の分裂がなくなって、自分が自分自身に触れ、自分自身に内的につながるようになる。それゆえ坐るときには、ただ考えないというだけではなく、自分が自分に対して現存している。単にぼーっとしているのは、禅ではない。自分が自分に対して現存していて、しかし自分を反省するのでもなく、執着することもなく、ただ本当のものが通るようにする。

本当のものが通るということは、理解して、さらにそれをやろう、と内的に決意することである。よく坐った後は、思いと実行が伴うようになる。パウロは罪がどこから始まったのかという問題について、人間は「真理の働きを妨げる」（ロマ一・一八）という言い方をしている。つまり、真理を理解しているにもかかわらず、それを脇に置いてしまう。そこから全ての罪、曲がった状態が始まる。要するに、人間は本来ならば真理が通るはずの存在なのであり、それこそが「私は私である」という人間の主体性のあり方なのである。主体性が勝手な曲がったものなのであれば、それは捨象すべきなのであろうが、しかし、本当の人間の主体性とはすっきりした透明なもののはずだ。そこでは真理が理解されて貫かれ、思い・行動・身体性が全て一本になる。これは、言い換えれば、真理を生きるということである。人間存在は、身体から感情・理解まで一本になって、さらに自らの主体性が自分を乗り越えて、自己の内で自分よりも大きいところと一本になる。そこでは、どのような現実に対しても、基本的に同じまっすぐな態度でもって、真理を大切にするという関わり方でもって生きることが可能になるのである。坐ることを通して内的真理を実現すると、嘘をつこうとする傾きがなくなっていく。

そしてそれは、私たちの現実感ともつながっているだろう。人間は単に本能によって好き嫌いの自動的な反応で生きているのではなく、現実を根本的に理解する存在である、という点に特徴がある。動物は常に決まった本能に支配されている。巣のつくりかた、餌の見つけ方、敵との戦い方など、並立する幾つかの本能に従って行動するのであって、一貫した自己の中心を持たない。それに対して人間は、様々な刺激・インプットに支配されるのではなく、それ以前にまず一貫した筋の通った自己の主体性を持ち、それによって識別し決定する。そこで基準となるのは、好き嫌いの本能ではない。何が本当なのかという真理に従って生きる、これによって人間は人間らしくなるのである。自己の感情・思い・行為が一つとなって真理に従う。真理を理解した上で、自ら従う、これが人間らしいあり方である。反対に、理解は理解として、しかし実際の生き方は全然違っている、というのでは人間らしくない。真理を生きるのは人間だけにできることであって、動物には真理を理解することはできない。

では、真理はどこから来るのだろうか？　感情も行為も内的に統一されたとき、その一貫性の真ん中に、自分の執着ではなく「これが本当だ」という真理を生きる、真理に近づく可能性が開かれてくる。これが私たちの大きな目的である。

真理の特徴は、まっすぐだという点にある。物理的な科学の世界で考えると、まっすぐというのは光の持つ特徴ではないだろうか。もちろん光は物理的なものであって、精神的な真理とは異なっている。しかし聖書においても、真理を生きることと光を生きることは、人間にとって付随的なものではなくて、人間の本来的なあり方をなしている。人間は他者から何か言われるといった外からのインパクトに対して、それを真理に従って識別することができる。私たちは具体的な出来事を、本当のところを通して受けとるのである。

言い換えれば、人間と真理とはもともと別々なものであったのではなく、むしろ人間と真理は深くつながっている。つまり、人間になるということは、真理とのつながりに入ることを意味する。この真理とはあれこれの真理、具体的な真理だけではなく、真理そのもののことである。嘘のない、曲がっていないものが人間にとってはっきりした自己意識となれば、人は内的に光輝くものとなるであろう。

人間の中の全てのレベル、様々な次元が一本になるということは、上から下、下から上へと内的なつながりが、背骨があるかのようにまっすぐになることである。つまり人間が人間になるということは、人間が真理——単に頭で理解した真理ではなく、自分の生きている真理・真実——の内にまっすぐになるということである。真理は私の一番下のところから伸びて、具体的な思いとなって、決断の基準となって、努力となって、安心できるところとなって、力となる。人間が伸びるということは、単なる主観性・自分なりの個性・自分なりの気持ちを貫いて、自己の真ん中に真理とのつながりが通るということである。もちろん個性はあっていいが、しかし個性はそれだけでは不明瞭で中心を欠いている。人がごまかしなく真理と共に生きていれば、信頼を得ることもできるだろう。

真理の受肉

では逆に、真理が具体的なものになるとしたら、それはどこにおいてであろうか？　真理は人間の内に、身体の内にしか具体的にならない。他の全ての単なるあれこれの事実が真理を通して具体的になる、それが人間になるということなのである。人間は真理の内に人間になるのであるが、逆に真理が具体的になる、真理が人間になるということもまた、考えられるのではないだろうか。ヨハネ福音書には、「言葉は肉となった」（ヨハ一・一四）とある。これはキリストをさしている。言葉とは真理であり（ヨハ一七・一七）、イエスは、私は真理だ、と言っている（ヨハ一四・六）。すなわち、イエスはその人間性において真理なのであり、そこで真理は人間となっているのである。同時に、人間に対して、あなたがたは偽善者だ、真理が入っていないともよく言っている。真理という基準を通るかどうかが問われているのである。単なる勝手が消えて、真理が上から下って人間の一番下まで貫き、同時に人間の全ての力が真理とつながったら、人間は人間らしくなる。このようなことが、禅を通してなんとか実行可能になるのではないだろうか。

これは、人間が飲み込まれてしまうことを意味するのではない。真理は透明であり、こういうもの、ああいうものという特殊的なものではない。例えて言うならば、光には特殊性がなく、全ての色が光から出てくる。まず光があって、それが様々な色に分れる。同様に、全ての人の性格は、真理のいろいろな形態だと言っていい。人間が一人一人に与えられた真理をまっすぐに生きる、それが真の個体性ということなのである。

禅においては、ある段階で一時的に、自分に自分の声が分かる、という不思議な経験がある。詩編を唱えたりするときに、これは自分の声だな、と感じることがある。それは、真理の内に自分自身を知る、という経験なのである。もっともそのようなときでも、自分とは何かということを分析的に知る、鏡のように自分を見るということはない。しかし、内的一致が得られるならば、それはおそらく正しいと言えるだろう。正しいということと本当の自分ということが重なり合うのが、人間の特徴である。つまり、本来の自分と「全体として正しい」ということが一つとなっている、これが人間の特徴である。真理を生きる、真理になる、真理が人間の中心となっている、これが人間の課題なのである。

思い・行動・気持ちが分裂せずに透明で単純になると、自分自身に対する心配が消えて、安心して生きることができるようになる。人間の存在が真理の内に安心できる。自分が自分自身にとって負担となることがなくなって、楽に生きられるようになる。たとえ不完全でも真理に貫かれて、真理に支えられて、真理に生かされて生きることができれば、創造的に考えることもできるようになる。一般的に坐禅の場合でも、よく坐ると深く理解できる、新しく考えられると言われている。真理が働いているということが、私たちの理解の根拠となっているのである。前にちょっとした事実として知っていたことが、これは本当だ、これには意味があるのだ、というふうに理解できるようになる。信仰に関しても、信じていることが真理だ、という理解が開かれる。単に外的に「これは本当だ」と理解するのではなく、内的に正しさ・まっすぐさと一つになる。これが、おそらく真理の光と言われているものなのではないだろうか。

坐禅においては背骨も目も耳も、体も精神も、全く一つとなって、透明になる。透明とは、単に穴があいているのではなくて、その中に入ってくる全てのものが自然に識別されるようになる状態のことを言う。そのような状態が実現できれば、今まで何か迷ったりよく分からなかったりしたことが、坐禅の後で理解できるようになることがある。

「分かる」とは、真理の内に分かるということである。ソクラテスは、徳とは理解であり知識であると言っている（知徳合一）〔プラトン（前四二八？―前三四八？）『アポロギア』〕。単なる頭だけの知識を徳と呼ぶのならば、これはおかしな話だが、しかし彼は、よく分かっているならば当然それを生きることになるのだ、ということを言いたかったのだろう。つまり、本当に分かるということと、それを徳として、人間の態度として生きることができるということは、根本的に不可分だということである。これこそが本当の人間なのである。そして、これはまさに聖書の中で真理なるキリストと言われていることでもある。永遠の真理が人間となったということ、これがキリストの基本的な特徴である。二―四世紀までの間になぜキリスト教があれほどまでに広まったのか、その一つの理由は、キリストは教師であり真理である、というキリスト理解にある。キリストは神のロゴス、神の真理である。それは特殊的なこの色、あの色というような真理ではない、真理そのものである。最も根本的で大きなところから最も具体的なところまで一本になっているという、この真理が、人間の本当のあり方なのである。人間は真理によって人間になっているのであり、真理は人間の背骨、精神の背骨になっている。そして真理は具体的なものとなるとき、人間となるのである。

ともかく、まずは全てを忘れて、そして、ただ煙突のようにまっすぐに坐ろう。

（二〇一四年三月二九日）

第三章　呼　吸

一　呼吸との一致

私たちは坐禅において足や背骨といった身体を用いているが、しかし、その全ての前に、まずは呼吸によって内的な統一を得ている。それゆえ、呼吸と身体の内的な動きが一つとして溶け合うことが求められる。通常私たちは呼吸しながら別のことをしたり考えたりしているのだが、心と体が一つの動き、一つの静けさ、一つのとどまりとなればよい。普段私たちは頭を忙しく働かせており、それに伴って呼吸も速くなっている。しかし坐禅においては、呼吸を長く伸ばし、呼吸に動きながらとどまる。もっとも、胸に特別力を入れたりはせず、まっすぐに自然にあるがままでなければならない。

特に吐く方を大事にするとよい。吐く息を伸ばして、しかしぎりぎりのところまで伸ばすのではなく、少し空気を残したほうがよい。吐く息を通すということは、意識の正面から離れていくということである。食事や仕事といった日常生活においては、息は常に意識の範囲内で動いているが、休んだり眠ったりするときには、息は長くなる。しかし坐禅の場合はそのどちらでもない。坐禅の場合、睡眠時とは異なって、覚醒時と同様に呼吸は意識されている。しかし、普段起きて行動しているときには、表面的な意識が働いて、こうしよう、という自分の意志が主導的に規範を与えているのだが、坐禅のときには息はそれ自体として深まっていき、意志的・意識的・表面的な思いのほうがその呼吸についてくるのである。

呼吸の魂ともいうべきものは、具体的な呼吸そのものの動きにある。普段私たちの呼吸は、下にぶつかっている。下とはおそらく、反省的な自己意識の底であろう。そこに不安があると、呼吸に深みがなくなる。そうではなくて、胸全体で長く息を吐く。ただし、自分の能動性によるのではなく、呼吸はただ通って行けばよい。そのためには、これあれということを考えてはならない。考えると、呼吸もまた考えるレベルで止まってしまって、深く入れない。考えるということは、私は今これをやっている、という意識上の反省のレベルにとどまることである。そうではなくて、呼吸がリードを取って、自分の全てが呼吸に乗っていって、呼吸についていって、それを通すことが重要なのである。

そこでは呼吸自身が段々に自らの動き、自身の中の道を見出していく。そうして、注意力が呼吸と一本となればよい。ただし、あまり強い意志でもって、注意力が呼吸を導いたり摑んだりしない方がよい。むしろ呼吸が意識的な制限から解放されれば、呼吸自身が自分の全てを段々に貫いていく。呼吸が腹の下の方に入っていくと、そこで意識が呼吸と一本となる。注意力をもって呼吸に重点を置きつつも、意識によって強く呼吸を通すことはせず、丁寧に、丁寧に入って行く。入れなければまた戻ればよいのであって、今この息が終わるまでは、次の息のことは考えない。「今」の内にこの呼吸と一致するのである。

二　呼吸と霊

呼吸は精神と関係している。様々な言語においてもこの関係が見られる。インドではアートマン（Ātman）はドイツ語のアーテン（Atem）と同様呼吸という意味であるが、これはまた、三大神の一人、創造の神でもある。このように、呼吸は生きて全てを貫き、中から活かし、暖める。それゆえに、指先にまで呼吸を感じるということもあり得る。知恵の書には「主の霊は全地に満ち」(知一・七)とある。体を含めた自己の全体が、息によって動かされるようになるのである。ギリシャ語でもプネウマは風・息・霊を意味する。これらは重なって一つとなり、精神の根底をなしている。

確かに、息が止まれば霊も活きてはいないだろう。呼吸することは、霊が貫く、霊が私たちを動かすということでもあるのだ。「風は思いのままに吹く」(ヨハ三・八)。すなわち、私が霊を導き出すのではなく、霊のほうが中心なのである。霊が私の真中を通って、私を中から活かし、満たす。そこでは、私たちは体の限界を超えている。主の霊が世界全体を満たす。すなわち、霊は宇宙的な大きな神の力なのである。聖書においては、霊とは本来人間の霊というよりも神自身のことであり、「御霊《みたま》」、聖霊を指している。「主なる神は土の塵で人を形づくり、その鼻に命の息を吹き入れられた。人はこうして生きる者となった」(創二・七)。遠くから私の鼻に息を吹き込むことは出来ないのであるから、これはある意味では神の近さを示している。このように、神の息が私を貫いて、それでもって私は生きるようになる。あるいは、人間の本来的なあり方は神と息を交わし合うこと、とも考えられているのではないだろうか。神の息によって活かされるということ、それはまさに神が自分の霊を通して、私を活かし、導き、潤しているということなのである。

もう一つここで大事なことは、私たちにおいて意識と呼吸が一致することである。意識的に聖霊について考えるようなことはせずに、しかし中心的には呼吸において、根源的なところ、神自身との密接さ・近さが実現する。聖書においても、「主は人がその友と語るように、顔と顔を合わせてモーセに語られた」（出三三・一一）と言われている。「顔と顔を合わせる」とは近さを示している。この近さが、まさに深く坐るときには、自然な効果・結果として得られる。そこでは、大事なものが遠くに対象化されるのではなく、近くなっているのである。

人間は新たに「水と霊とによって生まれ」（ヨ八三・五）る、とある。水は命であり、分けられ、満たすものである。しかし、霊は対象化することも確かめることもできないが、それでもなお、生きる私たちの内面の中心となっている。私の内に神の霊が入ってきて、私の霊とつながり、交わる。これはまさに、祈りとの関係において言われていることでもある。神とキリストに従う人の内には、神の霊が「アッバ、父よ」（ロマ八・一五）と呼んでくださる。

本来「我が父よ」と唱えることができるのはキリストのみのはずだが、私たちもまた、キリストと同じように同じ言葉、同じ意味で祈ることができる。それは、霊が私たちの内に、私たちを通して祈っているからである。私たちのつたない祈りの中で、霊とキリストが共に神を「私の父」と呼んでおられる。それゆえ霊と自分を区別せずに、むしろ霊と私たちとが重なり、霊が私たちの心・祈りと一つになる。「この霊こそは、わたしたちが神の子供であることを、わたしたちの霊と一緒になって証ししてくださいます」(ロマ八・一六)。パウロは、言葉と理性で祈ることも可能だが、霊によって祈ることの方が、全く個人的ではあるがより深いものだと言っている。霊が根源的に心の根本と一つとなって神に向かう、そのとき私たちは、考えるのではなくて、遂行し実行する。私が息となる。息をいただく。霊が私たちの霊と一つとなって、そこで私たちは水と霊から、すなわち神から生まれ、神の子として神からの命で活かされるのである。

三　キリストに似たものとなる

もう一つつながりのある箇所を挙げてみよう。モーセは「顔を覆った」（出三・六）が、「わたしたちは皆、顔の覆いを除かれ」（二コリ三・一八）ている。これを言い換えるならば、まっすぐになって、他のことに気を配らないということであろう。覆いとは自分の考え・思い出・感情のことである。主に向かうときには覆いが取られて、そのまま、あるがままの顔と顔を合わせる。そうすれば私たちは霊によって「栄光から栄光へと、主と同じ姿に造りかえられて」（二コリ三・一八）いく。これは重大なことである。霊が私たちを主と同じ姿へと変容させ、形成する。すなわち自分の全てでもって、自らの根源的なところにおいて、神からの関わりに貫いていただく。そして、そこからキリストに向かい、キリストの顔を見る。

キリストと同じ姿へと変えられるということ、これはおそらく禅を通して理解できるのではないだろうか。「神は言われた。『我々にかたどり、我々に似せて、人を造ろう』（創一・二六）。自分の原型である神に向かっていって、そこから活かされて、そうして変容され、神に似るものとなる。これはまさしくキリストのあり方であろう。私たちは勝手な有限的なイメージを排して、自分の全てでもって、ただの息に尽きる。ご自分にかたどって私たちを造られた、その根本的な原型に向かって形成されて、本来的な自己になる。この本来的な自己とは、まさにキリストのことであろう。私たちはキリストを直接的な原型として持っているのである。「古い人を……脱ぎ捨て、造り主の姿に倣う新しい人を身に着け」(コロ三・九―一〇)る。私たちは雑念にとらわれずに、古い人を捨てるならば、今、神の命が入ってきて、神の似姿に従って新しい人へと造られるのである。

神の似姿とはキリストのことだ、とパウロは考えている。神の似姿であるキリストは私たちの心の根底であり、呼吸を通してそこへと入っていく。キリストの内にあって、キリストを通して、キリストと共に、神に向かって行く。栄光から栄光へと同じ姿へと変えられる、「これは主の霊の働きによることです」(ニコリ三・一八)。すなわち、息でもって、霊が私たちを通して活きる。少しずつ勝手な自分が落ちていって、限りなく深く受け入れる。肉体的な固い自分が霊的になる。私たちの体の全体、思いの全体、意志の全体が神の霊に従って、霊に向かって形成される。栄光から栄光へと、光の内に進んで行って、神との関係が私たちの中心となる。今は全てを放っておいて、勝手な雑念を一切なくして、ひたすらに通す。パウロは、自分の思い・意志が主導するのではなく、キリストを通して、神自身との関係の中にこそ自分の命があるのだ、と考えている。そこで、神の子であるということが私たちに証される。今、神と同じ息の中に生きるということが可能になる。

そうすると、利己的な自己主張や欲望がきれいになって消えていく。「主に結び付く者は主と一つの霊となる」（一コリ六・一七）。自分の身体は、そのためにこそ使うべきなのである。自分が消えていって、本物が私たちを通して生きるならば、素晴らしいことであろう。

（二〇一六年四月一六日）

第四章　注　意　力

一　対象に限定されない注意力

今日考えてみたいのは、少々説明が難しいのだが、注意力についてである。坐るときには、勝手な意識は消えて行くが、しかし、注意力は深く働いている。この注意力がなければ坐禅にはならない。ぼーっとしているだけならば、体は楽でも坐禅ではない。この注意力とは、表面的ではない深い注意力のことである。具体的な意識のレベルで集中するのではなく、根源的に静かなレベルで目覚めて、待って、集中する。

集中力とはすなわち私たちの人格の開きのことである。人格が集中力を通して何かを迎え入れる。自分勝手に思慮なく行動すると、自分だけの世界の中で迷子となってしまう。しかし注意力が働いていれば、周りに何があるのか、何が必要なのか、気づくことができる。集中力とは意識の受容の場である。集中して能動的に受容し、関わりを受け入れる、これが注意力なのである。

注意力が働くとは、自己が目覚めているということである。ただし、だからといって自己本位な勝手という意味ではない。勝手とはつまり私たちの望みや意志・意識が形を取った「考え」のことである。そうではなくて、意識は全面的に働いているが、自分がその意識に具体的な対象や目的を与えて、あれこれ考えたりはしない。自己が存在していて、注意力が働いているが、しかし自分の勝手な意志によってその注意力を特殊なものに向けて、それに自分なりの目標を与えるようなことはしない。注意力は私の目的のために働くのではなく、注意力そのものが働くのであって、それを私が制限したり我がものにしたりすることはない。こういうことが純粋にできれば、意識は開かれてくるだろう。

意識を勝手に自分だけの領域に限定すると、意識は完結して閉鎖的になる。個別的な目的を設定して自己本位的に考えると、注意力は一面的になって制限されてしまう。そうではなくて、注意力そのものがまっすぐに限りなく働くようにすれば、注意力はあれこれという有限的なところにとどまらずに、全体が働くようになる。私たちの意識、考えの有限性を打破し、あらゆる壁、あらゆる具体的なあれこれを取り払えば、意識は根本的にそのままで働くようになるだろう。

二　注意力と受動性

さて、注意力が働くためには、それを受け入れる力が必要である。例えば、今皆さんは話を聞こうと注意してくださっている。すなわち、言葉に働いてもらって、話がそのまま自分の中に入ってくるように、と注意を払っておられるのである。注意力は門を開くものである。注意するという能動性に働いていただいて、それを私たちは丁寧に受け取る。もっともその場合、受け取るということ自体について考えてしまうと、そのことに忙しくなって、かえって受け取れなくなる。そうではなくて、働いていただく、という点が重要なのである。

働いていただくということは、現存していただくということである。坐禅の中には純粋な現存がある。先日「今」ということについて考えた。「今だ」という純粋な現存が「現」「在」

している。「ある」とは、すなわち誰かが私に対して現存しているということである。現存とは、何かが存在でもって関わることを意味している。私たちが反省なしに、そのままでただ深く坐るとき、現存が自分の中で大きくなってくる。現存の中に私を満たす関わりがあっていい、と受け入れるようになる。もっとも、関わりといっても、外からの関わりを言うのではない。こちらに自己の主体がまずあって、向こうに対象があって、対象が外から関わってくる、というような関わりではない。そこには主体という自己主張が含まれていないゆえに、「向こう」という対象もまたあり得ないのである。

こうして坐るためには、少々耐えて頑張らなくてはならないだろう。耐えるとは、自分が関わられることに耐えるということである。これはなかなかに耐え難いので、足が痛くなったり、ちょっとお茶が飲みたいとか、食堂で窓の外を見たいなどと、逃げたり意識を散らしたりしたくなる。なぜ耐え難くなるのか、それは、より根源的な力強い現存を受け止めるためには、自分の全ての力を必要とするからだ。また、注意力を働かせるためには譲らなければならないからだ。自分なりの気持ちや意識の内容が消えてもいい、と譲るということは、すなわち柔和になるということである。自分の意志を通さない。自分の望みには従うことも反対することもしないで無視する。これは非常に難しく、しかし、坐るときには基本的なことである。

三　変化に耐える

こうして私たちは、少しずつ変わり始める。自分の中で、勝手な選択による偶然的なものが整理されていく。整理されるのは、単に意識内容だけではない。私たちは普段自分の考え方をパターン化している。何が好きで何が欲しいか、どのようにものを考えるのかを固定して、それに合わないものを無視する。すなわち現実に対する関わりを狭くして、特殊化している。もっとも、そこにも、的確に行動できるという利点はある。しかし、そのような態度は私たちを真実から遠ざけてしまう。自分の現実観や人間観・人生観に、少々都合のいい見方が入ってくる。なぜならば、自分に本当に与えられたもの、持つべき関わり方を扱いやすく省略したほうが快適だからである。

坐るときには、こうしたものが整理され、自分が徹底的に清められる。清めは外から始まって中へとどこまでも進んで行く。これは堪え難いので、もう止めて欲しい、もうこの段階で満足したい、と思っても、次第に呼吸が変わり、意識は深まって行く。変化はまず感覚のレベルで起こる。良く坐った後、あるいは接心から戻るときには、ものがより生き生きとした新鮮な形で輝いて現れ出てきて、新しい目でものを見ることができることがある。それは私たちの感覚から、自分の見方だけに従ってものを選択して見るようなパターン、殻が取り除かれて、特定の目的のためではなくただありのままに見て感じることができるようになるからである。あるいは食事においても、各自の好き嫌いといった固定的なパターンが取り除かれて、本来の味が感じられるようになる。

このように、変化はまず感覚から始まるが、もっと根本的には、日常生活の中で固まってしまったものや人に対する感じ方や様々な思い入れが清められて行く。私の中で働いてくださるものが、死んだ殻を取り除き、大事なものを中から活かして、良いものを発展させていく。しかし、そこには我《が》は入っていない。この働きはより良いところ、より完全な、より純粋なところ、より単純なところへと向かう。こうして、坐ることを通して私たちは、自分流の考え方や解釈が消えて、もう少し単純になるのである。それゆえ、坐るときには判断を停止する。判断においては、自分の立場がまず支配的になる。こうした判断を停止すると、感覚を通して感情が清められ、感情を通して私たちの内的理解力や根本的な視点がまっすぐになって行くのである。

ここで重要なのは、自分が組み直されるような変化は、意志にまで及ぶという点である。ここでの苦しみは、意志の苦しみである。意志は全ての他の能力の基盤であり、ものの見方・感じ方・考え方・判断のしかた、その全てに含まれている。その中心的な意志がまだ全然本気ではない、まだ自分勝手な条件をつけたままで、開かれていない。そういう自己本位的な条件をつけている限り、まだまだ息が通らないし、心も落ち着かない。根底まで関わりに対して開かれるためには、これを何とか崩さなくてはならない。

貫くということは、すなわち耐えることである。観る「観《かん》」だけではなく貫く「貫《かん》」が、坐禅においては非常に重要である。勝手な自分の意志が貫かれて、エゴ・我《が》・我欲が崩れることに耐える。今まで、真理に対してどこか無意識に自己防衛の壁を作ってしまっていたかもしれない。この壁が崩されなければならないのである。

四 自己への回帰と自己の放棄

このように勝手な意志が消えると、かえって、私たちの内に元々備わっている本来の意志が発見され、そしてこの本来的な意志と具体的な意識がつながるようになる。深く坐った後は力が湧き出て来る。自分の思い込みにとらわれて、根源の意志の力から離れてしまっていると、息も短くなるが、根源の意志に戻ると、長い目で、長い息で坐ることができるようになる。このように元の自分に戻るということは、自分の本来的な感じ方ができるようになり、自分でも知らない本来の性格に近づくことでもある。もっとも、これを本当に自分のものにするのは非常に難しい。表面的な意識はあまりにも大きく支配的なので、常に沈んではまた本気で坐ることを繰り返しながら、根源的な本当の自分に徐々にでも近づいて行くように努力しよう。

そのためには、自己防衛として作った立て看板、建前という外向きのアイデンティティを崩さなければならない。私たちは外向きのアイデンティティでもって他者に相対し、家族や自分の場において自己のアイデンティティを保持している。しかし、果たしてそれは本当に自分自身をありのままに正直に表しているのだろうか？　そのようなものは取り除いていただかなくてはならない。

坐るときには逃げ道がない。足も動かないし、ともかくここに無防備のまま いるほかはない。心を整えて、逃げ込めるところがないように忠実にありのままにならなければならない。浅さやずれ、不統一、顔を隠してしまうような不正直さを抱えた自分へと関わりが入って来て働くと、そこで自分が崩されて組み直され、立て直される。自分は安全だとか、自分は正しい、自分にできる、というような思い込みは崩れ去る。坐禅においては、自分にできる、と思ったときには、既に自己が前提となってしまっている。坐禅はできるものではなく、自分より大きい力に坐らされるものなのである。

ここに根本的な転回がある。すなわち、私が主体だという自己本位的で自己中心的な自分自身への執着の殻が取られて、自分が全く無力で、自分に主張できるところは何一つもない、という根本的な受容への転換が生じる。自分が決定の主体となるのではなく、全てをありのままに受け入れて、形成していただく。これは徹底的な従順と言ってもいい、いや、従順でさえないのかもしれない。ただ、そのまま、ありのままにあるだけなのである。

普通私たちは物も人も課題も対象化して、対象へと関わっている。対象とは主体に対する、私の意志に対する対象のことである。しかし、坐禅においては対象把握は何ら問題にならない。そこでは、主体も消えてしまう。主体は根源的なところへと転換して、素直になって、存在自体に直接に触れていただいて、関わっていただく。何らかの対象に相対する自分ではなくて、自分が存在自体の内にあって自分でいさせていただくようになるのである。

このように自分がもはや一切抵抗しなくなると、自分自身に対して抵抗することもなくなる。そうすると、足の痛みもなくなる。自分が抵抗しないから、自分に対して体が抵抗することもない。ただ、そのままで、自己中心性のない純粋な自分でいるようになる。

私たちはそこで、根本的に新しく生まれることができる。そこでは、意志が徹底的にただ受け入れる。いや、受け入れることさえもなくて、動かされるままで動く。全くの調和の内に、根源的な関わりと自分の中の意志とが一本となると、それがそのままで自分だということになる。その根源のところが能動的に動くとすれば、自分を無にした謙遜を通して、何か大きなところが働き始めることになる。それを大我《たいが》と呼ぶこともできるだろう。私たちはそれに属することになるのである。

これは新しい創造だと言ってもいいだろう。自分の存在が中から造り直される、新しくなって、癒される。根源のところから本当の自分が成り始める。全く静かに、創造が始まっているのである。

これで、注意力の重要性が明らかになっただろう。注意力とは、仕事をしたり人と話したり、あれこれするために必要なのではなく、根源的な受け入れの場、根源的に自分を形成していただく場なのである。あれこれの特殊な対象の刻印を押されていないときには、注意力は根源的な現存とのみ合致している。この注意力を通して私たちは自分の本当の存在を受け入れるようになるのであり、そのためにはいくら苦しんでも全く損ではないだろう。堅い自我が打破されて、内的に変容し、組み直される、徹底的な従順・謙遜を通して、私たちは新しい創造の段階に入るのである。今日一日、注意深く、頑張ってみよう。

（二〇〇一年八月七日）

第Ⅱ部　私はある

第五章　私はある
――ミサ　聖書朗読　ヨハネ六章一六―二一節――

福音とは、その都度その都度、直接に私たちに言われたものであるが、しかし私たちは共に、あるいは一人ひとりその入り口、鍵を探さなければならない。今回の箇所は、イエスがパンを増やした話の続きである。この箇所を通して神の恵みを感じ、感謝しよう。

一　旅――湖を渡る

今回の箇所では、イエスは一二人だけに対して、自分自身を表している。もう夕方になって、一人旅に出て、船に乗って水辺を渡ろうとしている。考えてみれば、私たちがやろうとしていることは、まさにそのようなことなのではないだろうか。夕方になって、一人荒野にいて、祈っている。そして、本当の自分の入り口へ、本当のものへと向かって、渡ろうとしている。しかしそこでは嵐が起こるかもしれない。例えば足が痛いという嵐、この「足」とは、つまり自分にはできない、努力しても、自分の思い・考えがついてこないという、そういう嵐のことなのだ。

二　神の近さの恐怖と平安

イエスにとっては嵐はそれほど重要ではないようだが、弟子たちにとっては、彼なのかどうかもよく分からない何かが近づいてくるわけだ。そのときの気持ちの半分は、怖くて恐ろしいというものだろう。確かに私たち人間にとって、神の中心に近づくという経験は、神のもとの平安というよりも、まずはやはり、近づきたくない、入りたくない、という、本物に対する本能的な恐れ・恐怖を引き起こすものであろう。

そこでイエスは言葉をかける。これは大事な点だ。まずイエスは彼らに「恐れることはない、私だ」と言っている。「恐れることはない」と「私だ」とはほとんど同じことを意味している。イエスの近さとは、恐れなくてもいいということなのである。かつてイエスは「あなたがたに平和があるように」と言った（ルカ二四・三六、ヨハ二〇・二六）。弟子たちは恐れる必要はないのであって、現実に対する不安は全く消えていけばよい。ルカによる福音書には、イエスは私たちの中から不安を取り除くために来た、という箇所がある（ルカ四・一八参照）。人々は一生にわたって死に対する恐怖を持っているが、イエスは私たちの罪を受けて、自らの死によって恐怖を取り除こうとした、と聖書にある（ヘブ二・一四―一五参照）。イエスが全ての不安を取り除いたために、死に対する不安さえももう全然必要はない。私たちは神の意志によっているのだから、悪いことは何一つも起こりえないのである。

「悪いこと」とは、自分に対立したり、自分を傷つけるもののことだが、イエスに対しては恐怖や対立は必要ない。それはなぜだろうか。「私だ」とイエスは言っている。ただ「私だ」と言っているだけで、イエスは自分が何者かとは言っていない。それは、「もともとあなたがたは私を知っている」からだ。「わたしは自分の羊を知っており、羊もわたしを知っている」（ヨハ一〇・一四）。ここで言う「知る」とは、経験を通して知るというよりも、心の根本を通して、そこでつながっている、そういうふうに知っている、という意味である。イエスは「しばらくすると、世はもうわたしを見なくなるが、あなたがたはわたしを見る。わたしが生きているので、あなたがたも生きることになる」(ヨハ一四・一九)とも言っている。つまり、目で見て知るのではなく、「見ないのに信じる人は、幸いである」(ヨハ二〇・二九)。そこには根本的な命との内的なつながりがあるのだ。内的なつながりを通して、声が分かる、声が聞こえる。「羊飼いは自分の羊の名を呼んで連れ出す。羊はその声を知っているので、ついて行く」(ヨハ一〇・三—四)。「私だ」、ということは、私が共にいるということである。神が共にいるのであれば、全ての不安・恐ろしさ・危険は、もう私の理解を超えることはありえないことになる。私たちは心の根本において神に近づき、彼と同じ命の中にいる。神の命は、私たちの命とつながっているのであり、そこから生きる、そこから理解するのであれば、もはや何も恐怖はなくなる。私たちは神に所属しており、神は私たちの内にいる。私たちは坐ること・祈ることを通して、そういうところまで神と関係を深めることができれば、恐れることはないのである。

私たちはもともと共にいる神のことを、イメージを通してではなく、本質的に分かっているのだ。彼は私たちの根源・原型であり、命の源なのだ、ということを信じ、あなたが私の心の根本となってくださいい、共にいてくださるあなたを信じます、というふうに神との具体的な関係を結ぶことができれば、恐怖は消えていくのである。

三　共にいる

「私だ」と名乗っているのは、名前がなくてもあなたは私のことが分かるはずだ、ということを意味している。だから、モーゼに対して神はただ、「私の名前は私だ」、「わたしはいる」（出三・一四参照）と名乗る。「私だ」と自分を紹介して、自分のことを分からせることができるのは、神だけだ。神は他のものを通して分かるわけではなくて、神ご自身が源であり、支え・中心なのであり、そのことを人間は理解することができるのである。神がモーゼと共にいたように、人間に対しても「私だ」と言ってくださるのであれば、神は私と共にいてくださることになる。全ての神の力でもって、全ての偉大な存在でもって、「私は存在する」。私はあなたと共にいるのだから、「恐れることはない」。

私たちが坐るときには、何かを考えることはしない。それは神を知ることができるようになるためなのだ。神は何も語りかけてくれずとも、自分自身を唯一のものとして現すことができる。私たちは彼の名前も知らないかもしれないが、私たちの全ての力、全ての十全さでもって共にいる。私たちに必要なのは、心の中でも頭の中でも、何も言わないことだ。恐怖も何も相手にせずに、ただそのままで、自分の全てをかけて、自分が場となって、自分が家となって、その中に神が御自分自身を現してくださるようにする。

私たちは坐って、呼吸している。イエスは扉が閉まっている家に入って、そこであなたがたに平安と言って、息を吹きかけた（ルカ二四・三六、ヨハ二〇・一九―二二）。神は人間を造って命の息を吹き込み、それで人間は生きるようになった、と聖書にある（創二・七参照）。それが私たちにも実現されるように、神の息と私の息が一つの息になって、私の根底とあなたの根底が一つになって、命の源となるように、全く静かになって、そのまま平安となるように。そうして各々の部屋、家に帰って行こう。

（二〇一二年四月二一日）

第六章　まっすぐになる

一　まっすぐな自己

坐禅においては、まずは、背骨をなるべく伸ばすことが大事である。なぜならば私たちの中――外、身――心は相互に関連しており、内的な態度が体の中で形をとっているからである。自分の内なる歪みが曲がった体に現れる。体を伸ばしてまっすぐに開くと、自分の心の本来的な形に戻ることができる。そのためには、常に努力を必要とする。まっすぐになるということは、自分自身を超え出るということにつながる。自分の思いにこだわらないで、そのものになる。坐ることは自分自身の努力によるのだが、しかし実は自分をまっすぐなものに合わせているのである。曲がったところは私たちの気持ちに由来しているのだが、反対にまっすぐなものは私たちに由らない。まっすぐということ、正しいこと、それは私たちの望みには由らないのである。それゆえ私たちは、自分自身を自分に由らない基準に合わせなければならない。そのような基準こそが私の背骨であり、真の私とはその中にこそあるのだ。

立つということは、人間の大きな特徴である。これには大きな意味があるのではないだろうか。人間はまっすぐなものだという点で、他の動物と異なっている。動物は具体的な環境に鼻を近づけたりするが、人間は立つことによって、近辺のものに対して距離を置き、また、広く見ることができるようになる。立つということは、実は非常に不自然で、物理的に考えれば、重心が高いと不安定になる。だが、人間がまっすぐに立つということは、自分が自分である、ということでもある。小さな子供も徐々に立とうとするが、これは、「自分は自分なのだ」という主体性が働いているのだとも言える。人間の特徴は意識・自己把握にあるのだが、これはまず立つことを通して働くのである。そしてこれは、自分が周りの一部分ではなくて、「自己」「人格」を持つ、ということにも関係している。まっすぐでなければ自分が自分ではなくなり、他のものに執着し、依存し、他のものに圧迫されることとなる。それゆえ、まっすぐになるということは、本来の自分に戻るということなのである。

二　心身合一

今日注目したいのは、自分の心・思い・意識と自分の実際の存在が一本となる――すなわち心身合一についてである。そのためには、自分の意識と呼吸が一つとなるとよい。これは単に背骨をまっすぐにするのみならず、注意力を自分の方に引き戻して、呼吸を通してまっすぐな自分と一本となるということである。自分自身を呼吸に合わせて、呼吸と一つとなりきることができれば、本当の自分の中に入っていく道が開かれていくだろう。

さて、そのためには、私たちはあれこれ考えたりしてはならない。今日のお昼はどうなるのかとか、十分に眠れるかとか、家に何か忘れてしまったとか、そういった外的な事柄が心に侵入すると、異質的なものが混入して、全体が曲がってしまう。

ここでは、中にとどまるということが課題となっている。「中」の特徴は、自己が幾つにも分裂することなく、私は一つなのだ、というところにある。何を考えるにせよ、考えているのは常に同一の私である。私たちの全ての意識のもとには、同じ私、一なるところがある。

それゆえ、坐るときには、深く静かになって、自分の方に戻って、自分自身を省みることなく、自分自身を直接に摑もうとすることもない。そうすれば、自分の根底にある一なるところとの関係へと、道が開かれてくる。

呼吸を長くして、呼吸を通して、自分の真ん中に根を下ろす。中への入り口を探す。自己の外へとさまよい出ない。今考えるべきではない事柄を勝手に考えるとき、私たちはそのことに執着して、そして自分自身から離れていってしまう。もっとも、不思議なことに、例えば皿洗いをしていて考えるべきことがあれば、それを考えるということは妨げにはならないだろう。「べき」ということが自分の根底にあれば、あるいは作務のときに注目すべきことがあっても、それで自分から離れることにはならないのである。

三　自己の中心

自己の中心に戻るということは、一方では、空虚なところ、空間を開くということでもある。自己の内に開かれた空虚を自分勝手な思いや欲求、気持ちで満たすことなく、ただ静かになって、まっすぐに開かれる。自己の勝手には由らないものが、その空虚なところの中心をなしている。私たちの本当の中心となるのは、単に自由な「私」ではなくて、まっすぐなところ、一なるところ、正しいところである。日常においても、何か正しいことをすると、よかった、より一層自分自身になった、と感じられることがあるだろう。すなわち、正しいこと、まっすぐなことこそが、自分の心の真ん中にあるのである。

では、どうすればこのようなことが実現するのだろうか？　まっすぐになるということは、自分の思いと自分の実際の存在がつながって、一致することである。これが坐禅の大事な実りの一つである。簡単に言ってしまえば、それは正直になるということでもある。よく坐ったすぐ後に嘘をつくということは、まずないだろう。内的にまっすぐであれば、本当のことを目指し、考え、望む。まっすぐなところは、私たちの思いを貫き、意志を貫く。そこでは、小さい些事は放っておくことができるようになる。

ここで、人間の本当のあり方が現れ出てくる。つまり、人間の思い・心は単なる自分の気持ちを表現するのではなく、本当のことを表現したい、本当のことを生きたい、と望むようになる。もちろん、その「本当のこと」とは何なのかがよく分からないこともあるだろうが、それは問題ではない。ただ、本当のものでなければ持ちたくもないし生きたくもない、と思う。ということは、確かに人間は、本当のところの内でこそ最も深く自分自身となっている。そこでこそ、私たちの存在と私たちの意識・心は一つとなっている。自分のアイデンティティーは、本当のところとの一致の中から始まるのである。

坐るとき、私たちは雑念に埋没せずに、努力して背骨をまっすぐにして、心を単純にする必要がある。それでは、人間とは何か？ 自分は本当の人間なのか？ もちろん、多くの場合私たちは途上にあって、自分自身を十分に把握し理解することができていない。しかし基本的には、そう簡単に自分がそれだとは言えないような、そういう本当のところが、人間の中で形をとる。透明で単純でまっすぐな一つのところが人間の中で要となって、人はそれを生きるようになる。そうすれば、そのまっすぐなあり方は外へと現れ出て、周囲にも伝わるようになる。まっすぐな人ならば、行為もまたまっすぐになる。その人が何を生きているのか、その人は本当の人なのか、その人は良い人なのか、周囲にも理解されるようになる。それゆえ、人間は何よりもまず内的な統一を保って、自分の中心を生きるべきなのである。

四　存在の現れ

人間の存在の全ては自然に何かを表現している。言葉のみならず、顔や歩き方、人に対する関わり方など、全ては現れである。人間の存在がそこで現れてくるのである。逆に何も現れてこないのであれば、それは、自分が不透明で混沌としていて、まだ目覚めておらず、それゆえに自分自身を把握できていない、ということである。しかし、本来人間の中には、元のもの、正しいものがそのままで働いているはずだ。ありのままにあれば、人間は自由になって、外部的なものや人の目を恐れなくなる。それは存在に対する賛成、喜びでもある。存在の光、存在の善さがその人の中で形をとってくるのである。

不思議なことに、例えば未知の人を知るためには、写真を見たいと思う。それは、その人の顔が何かを表現してくれることを期待するからである。普通動物の顔の写真はあまり撮らない。その写真が何かの現れとなることがないからである。しかし、人間の場合は、いい人だなあとか、本当のものだなあ、と尊敬するようになる。つまり、その人自身は知らずとも、彼の中に大事なものが生きているのである。人間の中には、まさに最も私が私自身であるところの中には、本当に内的な原動力となっている、心のちょっとした火花のようなもの、心の望みが必ずある。そういうところに戻るということが、私たちが坐るときの大きな段階になる。それとつながって、触れて、そしてそこから、自分にとって何が大事で何がそうでないかを判断することができるのである。

五　自由と平安

人間は存在の現れ、善さの現れとなり得る。だからこそ、全ての人は真に大切な存在である。思いというよりも態度において、人間の本当のあり方に従って生きるならば、その人は楽に、自由になる。無理に何かせずとも、そのままでいい。そこから内的な一致、平安が始まる。単に自分が自分自身と一致するというよりも、むしろ元のところと合致する、そこに心の平安がある。根源的な自分の中心との関係が一本となったら、その人は落ち着いて、心の自由を得て、些事にとらわれなくなる。

そのためには「考えない」ことが大切である。考えずに坐れば、自分が受けた様々な苦しみや傷によって曲がった体が、まっすぐになる。あるいは何らかの苦労があっても、それを通してまっすぐに生きることができる。そのような人は、いかなる状態であってもほっとして余裕があって、こだわらない。こだわらないのは自己主張の必要がないからである。自己を主張するのはアイデンティティーを保ちたいからなのだが、しかしそのような自分は必ずしも本当の自分自身ではない。自分とは何なのか、ということは、誰にも分からない。それゆえ、これが自分だ、と誇示し顕示すべきことは何もない。坐ると自己主張がなくなって、その都度その都度、良いこと、そうあるべきことに自分自身を合わせることができるようになる。考えずに、自分勝手な不安を相手にせずに、深いところから生きるようになれば、呼吸を通して力を汲んでその中に根を下ろすならば、それこそ大発見である。

これは単なる自己満足ではなく、自分の中に本当の自分が生きている、本当というものが自分の中に自分を打ち立ててくれている、ということである。注意深く、何にも執着せずに、全く自分を任せたままで生きることができれば、最も良いことである。単に自分にとって良いのみならず、これはそれ自体として良いことである。単に自分にとって良いということは、まだ自分を中心にしており、自己満足的だ。そうではなくて、それ自体としてそのままであるべきだ。丁寧に徹底的に正直に自分を顧みないで、一本になる。そこから何かが開けてくるだろう。

（二〇一一年七月三一日）

第七章　内なる一性

一　大切なことはただ一つ

まずは、一つになりきることが必要である。本当のもの、大切なものはただ一つだけである。イエスはマルタに対して、「マリアは一つの大事なことを見つけたのだ。あなたは多忙で、苦労して快く尽くしてくれて大変よくやっているが、本当の要になるものをまだ見つけていない」と言っている（ルカ一〇・三八―四二参照）。多忙に紛れた次元を去って心の中心に根付いて、最も大切なものに心を配ることができるようにならなければならない。

単なる倫理的段階と信仰とは、究極的な次元が異なっている。倫理的段階においては、あれこれとやるべき課題がある。しかし信仰の場合は愛が中心であって、心を単純に一つのところに向ける、そういう方向を見つけることが最も重要である。聖書においてユダヤ人たちは、「聞け、イスラエルよ。我らの神、主は唯一の主である。あなたは心を尽くし、魂を尽くし、力を尽くして、あなたの神、主を愛しなさい」（申六・四―五）と毎日信仰宣言を唱えている。主となるところは一つだけなのだから、自分の全てを一つに尽くすことができるのである。

コリント人への第一の手紙には、人間は自分の身体をどう使うかということについて書かれている。「主に結び付く者は主と一つの霊となるのです」（一コリ六・一七）。主との関係においては、自分の存在の全体でもって、全面的に彼だけに帰属し、そこで一つの霊となる。「一つ」となっているのである。

イエス自身、神との関係について同じことを言っている。「わたしと父とは一つである」（ヨハ一〇・三〇）。「父よ、あなたがわたしの内におられ、わたしがあなたの内にいるように、すべての人を一つにしてください」（ヨハ一七・二一）。本物と一つになることができる、ということはしかし、神のことを真剣に考えるならば、冒瀆のようにも聞こえるだろう。ユダヤ人たちはまさにそのように反論した。本当に神と一つになるなどとは、神に対して大きな失礼にあたるにもかかわらず、しかしイエスはそのように言う。人間が本物に触れて、それとつながるということは、人間の勝手な思いでできることではなく、招かれているということなのである。

その点で、坐禅は万能ではないが、大変大きな助けになり得るだろう。坐禅の場合には、直接に神について考えることはしない。なぜならば、私たちが何かを考えるという行為は、常にある一つの対象について、であるからだ。考える対象が何であれ、その対象がどれほど善いものであったとしても、それは常に個別的な対象でしかない。しかし坐禅の場合に問題となるのは、そのような特殊的な何かではなくて、あらゆる個別的なものの根源にある同一的な、一なる、包括的な場である。この次元においては、概念によって対象化された神ではなく、根源的なところに入って、そこから自分の理解の全てが新たになり、変化する。

ここで大事なのは、根源的なレベルとは、最も大きなものに当てはまると共に、最も小さなものにも当てはまるという点である。すなわち、根本的な存在との関わりと、食事や掃除などとを、同じ態度で取り扱う。坐禅の場合のみならずごく普通の生活の中でも、本来自分とものとの関係は一つのあり方しかないはずだ。しかし私たちは、気づかないうちに、あたかも対象を尊重しているかのように見えながら、実は非常に表面的で形式的な態度で対象に接していることがある。しかし本来、どんなものにも同じ態度、本当にふさわしい丁寧な態度で取り扱うべきなのである。

イエスにおいては、「信じる」という要素がそこに入ってくる。第二第三の態度ではなく、一番基本的な不可分的な態度とは何か？　そこでは何が基準となるのか？　それは、存在自体である。では存在自体とはどこにあるのか？　それは、ここにある、というようなものではない。私たちと現実との関わり、その幅広い次元の中での一番根源的な本当のもの、それは神ご自身である。現実存在そのものであるのは、神だけである。だとすると、現実に対して私たちの取るべきふさわしい態度とは、実は神ご自身に対してとるべき態度のことであるはずだ。自分がとるべきただ一つの態度とは何か？　それこそが最も中心的なものに対する問いなのである。そこから普遍的な全てが開かれてくる、そこからあらゆるものが出てくる、それが神なのだ。それゆえ、具体的なものを取り扱う態度と、神ご自身に対する態度は基本的に一つであるはずだろう。だからこそイエスは、「わたしの兄弟であるこの最も小さい者の一人にしたのは、わたしにしてくれたことなのである」（マタ二五・四〇）と言っている。

一つを大事にして他を軽視するなどということは、あり得ないのである。

もう一点、やるのはいつも「自分」なのであって、自分自身をどう取り扱うべきかという問題が常に絡んでくる。他人との関係において、例えばこのおいしいものを自分が取ろうか、他の人に残そうか、といった様々な場面で、しばしばこのような問題が顔を出す。私たちはどちらかといえばまずは、健全なエゴイズムでもって自分自身を優先させようとする。もっとも、まずは現実と関わって、自分に良いものを与えようとすることは、否定すべきことではない。それをふまえた上で、では他人をどう取り扱うのか、これは実は自分自身に対する取り扱いと全く不可分的なのである。真に中心的なレベルで自分自身を大事にするのであれば、同じように人をも大事にすることができるはずだろう。

私たちは本当に丁寧に一つ一つをよく見て行動するのか、それともただ自分の憧れに従って行動するのか。あるいは初めから現実を軽蔑的に見てないがしろにしたり、現実を恐れて自分からつながる勇気が持てなかったり、初めからどうせだめだ、どうでもいい、と諦めてしまうのか。このように現実には何の価値もない、と現実をただ上から見下して支配する態度、あるいはただ現実を概念に置き換えて把握する態度が問われているのである。坐るときには、無関係な態度も自己主張的な態度も、あちこち意識を散らしたりする態度もとってはならない。一なるところに向かって、段々に根を伸ばして、とにかく完全に正しい態度で臨まなければならない。これは非常に厳しいことなのである。

二　内なる人

では、そのためにはどのような道があるだろうか。ここでは、内的な人間になるという点について話してみたい。内にあるということは、単に外的な事実を自分の中にも重ね合わせるということではない。内的な人間とは何かを明らかにすることは非常に難しいが、少なくとも坐るときには、気を散らさずに意識を自分の内に留めておくのであるから、ここを手掛かりにしてみよう。

この、内にある、ということは、旧約にはあまり見られないが、新約聖書においては大事なテーマになっている。「神の国は、見える形では来ない。『ここにある』『あそこにある』と言えるものでもない。実に、神の国はあなたがたの間にあるのだ」（ルカ一七・二〇―

二一）。あるいは私たちは何に導かれて生きるのか？　主の霊が私たちの内にあるのだ、とローマ書の八章では様々な形で何回も言われている。自己の内から本当の導きが出てくるのだから、自己が内にとどまらなければ、理解も開かれない。外的な用件だけに目を向けるような精神の態度をあらためて、もう少し丁寧に自己の方へと戻らなければならない。私たちにはいつもこの態度が不足しており、常に常にまたそこへと戻らなければならないのである。人間の霊が人間の内にあるのは当然だろう。その人間の霊の内にあって、神の霊が神を父として表している。

放蕩息子の転換点は、我に返って、心に戻って、つまり自分の中に入ったところにある（ルカ一五・一七）。彼は自分の中に戻って、そこで自分の足りなさが分かって、もとの所への道を初めて思い出し発見したのだ。マリアもまた、いろいろな出来事を自分の心の中で思い巡らしている（ルカ二・一九）。イエス自身も人間は家であり、家の中に誰も住まず空であれば危険だと言っている（ルカ一一・二四―二六）。またザアカイに向かって、あなたの家に私は今日とどまる、とも言っている（ルカ一九・五）。

パウロも度々、内なる人間という言葉を使っている。内なる人間においてはキリストが全てである（コロ三・一一）。まず互いに嘘をついてはなりません（コロ三・九）、という非常に具体的なテーマから入っている。互いに対する嘘というよりも、そもそも嘘をつくかどうか、それはどういう嘘なのかが問われているのである。まず第一に自分の建前・面目・名声を中心に生きる、そこに基本的な嘘があるだろう。何か特定の悪しき嘘をつかなくても、他者に依存して、人から認められることを本当のものからの評価であるかのように唯一の支えにする、それは私が外的になってしまったということである。これがおそらく一番大きい問題だろう。自分が認められたいという欲求に重点を置いて、そこから自分の自己理解を得るならば、もはや自分は自分ではなくなる。

内なる人は疲れることがない、とパウロは言う。外なる人は疲れて消耗してしまうが、内なる人は毎日毎日新たになる（二コリ四・一六）。内なる人とは、神の愛が注がれる場なのである（ロマ五・五）。あなた方の内なるキリストは栄光の希望（コロ一・二七）である。内なる神の愛、人間の希望は彼自身の中にある。それゆえ、私の内にいる彼との関係の中に私は生きている（ガラ二・二〇）と言っている。このように、「私の内」という言葉が度々出てくる。いったいそれはどこの内なのか、自分の内をどのように発展できるのか、これが問題なのである。

三　内的統一の方法

聖書の中では、「内」とは「霊」とも言われている。人間には三つの段階があると言われている。第一は、外向きの自分である。具体的な自分、仕事をしている自分、身体の感覚を持った自分、はっきりとした現実感を持った自分。当然これも必要で、それ自身に問題はない。第二のレベルはもっと内的で倫理的な段階である。そこでは、自分の心を整理して、感情をよくまとめて、自分の内面を一つに保って、それを良いほうに向かって開くことができるようになる。第三の段階では霊が現れる。根本的に自分と一致し、そして同時に一なるところに向かって開かれる。それが人間の中心のレベルなのである。

普通の理性は初めの二つの段階で働いており、私たちは理性でもって様々なことをよく識別して判断することができる。では、どうすれば第三段階に入ることができるのだろうか？

中への道は直接に自分で開くことができるようなものではない。むしろ、それに反する傾向性を減らすのが第一の方法である。すなわち、気を散らしたり、単に反射的に習慣的に、いつもそうするから、というだけで行動するのでは、自分が分裂してしまう。このような状態で坐禅をしても内的な統一は弱くなるばかりである。同様に、単なる欲求にもとづいて判断すれば、食事などをきっかけに気を散らして、自分から離れていくことになってしまう。もちろん自分のために必要なことをするのは悪いことではないが、しかし根本的には、もはや思いつきの気持に支配されなくなる状態を目指すべきである。

より根本的なレベルでは、精神と心が自然に一つに統一し、中へと集中する。単なる反省ではなく、常に、人と話すときも何をしていても、自分との接触を保ち続けることが大切である。単に自分で判断するだけではなくもっと根本的な、もう少し深い自分から離れない。そのような中からの関わりが命の意識にまでに届いてくるとよいだろう。

もちろん意識的に何かをする場合に、頭のレベルでは常に自分自身とつながっているだろう。しかし今問題なのは、それ以前のより根源的なレベルである。理屈で自分自身を誤魔化したり、単に言葉の上でのみ考えるのではなく、未だ考えになっていないレベルで自分が自分に対して正直になって、自分の存在の中から出てくるような理解や促しに合致して生きることが大事である。聖書の言葉についても、それが本当の現実を示して、内面とつながることで初めて本来の力を持つのであって、単に自己を正当化するために的外れな解釈をするのであれば、むしろ聖書の言葉を持ち出さない方がましだろう。そうではなくて、勇気をもってまだ言葉になってないところに立ち戻るべきである。謙遜になって自分自身をよく気をつけて見張って、自分自身から離れないでいなければならない。

坐るというのはそういうことなのだ。坐るときには、単に身体をまっすぐにするだけではなく、呼吸を通して自分と関わる。自分を対象化して関わるのではなく、常に呼吸でもって自分との関わりを保つ。坐禅の姿勢においてもう一つ役に立つのは、目の役割である。目をまっすぐに開くと、自分自身との接触が保ちにくい。まっすぐにものを対象として見る、そのような見方ではなく、坐禅の場合半眼にすることで、カーテンを下ろすような感じにする。視線は身体の近いところに向け、自分との接触を目を通しても保ち続ける。自分自身との接触を見つけるのはなかなかに困難ではあるが、自分を否定せず、しかし外界のものにも引っ張られずに、丁寧に深く、謙遜に、柔和に自分自身を引き受けるという態度を保とう。

外向きの態度においては、広い視野を持って外界を見渡すと、普遍的な視野を得て、あたかも自分が主人だという感覚になる。しかし注意力を自分の方に引き戻すと、要となっているのはごく小さな自分である。その小さな自分に満足して、自己を引き受ける。神秘家の一人、クレルヴォーのベルナルドゥス（一〇九〇―一一五三）によれば、謙遜とは最も本当の自己認識なのである〔『謙遜と傲慢の段階について』〕。

坐るときには足が痛むが、それもまた引き受ける。痛くてもよい、仕方がない、いや、仕方がないとさえも言わないで、ともかく、何も言わずにただ坐る。まず狭き門を通らなければ、自分が自分自身を摑んでいなければ、たとえ何を摑んでも絶対に自分のものにすることはできない。私たちはものを外面的にとらえて、表面の表れによって随分と誤魔化されている。しかし、そのようにして摑んだと思っていても身についていないので、本当の満足には至らない。まずは自分自身との一致という最も困難な課題を真剣に引き受けるべきである。そのためには、常にそうではない自分を相対化しなければならない。自分に足りないものを認め、進歩するために内的に手を放し、自己主張をやめる。そうすると、段々に自分の中心が柔らかくなって壁が消えていって、以前には全く予想もしなかった善さへと入っていくことができるだろう。

私たちは、真に善いものへの深い憧れを持たなければならならない。ひとたび主との関係がどれほど善いものであるのかを理解すると、内的な憧れが生まれる。それは心の小さな炎で、灯火のように方向付けとなってくれるだろう。

自分の戸が叩かれると、もはや自分がなくなって、自分の中の深いところが開かれてきて、そこについていくようになる。坐るときには、息が段々深まってきて、呼吸が通るようになるので、それが明確に分かる。具体的な自己意識以前の自分の存在が開かれてくると、自分を忘れる、自分の時間も忘れて、ただ任されているままになる。任されているので、足が痛くても痛くなくても、時間が長くても短くても関係はない。自分の意識に執着した自分を取り去っていただく。これが私たちの心・精神・魂の本来の方向なのである。

（一九九八年五月一七日）

第八章　自己統一

一　私たちの内にある深い泉

坐るときは、魂の根底に戻って、そこに入ることが課題となる。私たちの内面は、意識と根本的な存在が分裂していることが多い。特に人と関わりを持つ場合には、意識が二重になりがちだ。内的な真実、内的な力、内的な統一が出てこなかったり、根本にあることと意識上にあることが分かれていて、自分の心が浅くなってしまうことがある。これは問題だ。

坐ることには、自分自身の統一に初めて至り、それを取り戻すという効果がある。心が清められることを通して透明になって、そして、より深い自分に触れる。深いところから自分を動かすような力が出ると共に、深い理解が浮かび上がって来る。このように内的に透明になることを通して、本来の自分が生きるようになる。そうすると、自分がどこに引っ掛かっているのか、自分自身のことが分かるので、そこで自分に戻って、まっすぐになればよい。このようにして、自分が本当に目指すことを全力でもって実現できるようになるのである。

私たちは、内的な深みを完成させるには力が不足している。自分の存在には深みがあるのだが、私たちはほんの少ししかその深みに触れていない。人間の中にある深い深い泉のようなもの、そこに、根本的な何かが入っている。私たちの意識と存在、命は別のものではない。別であればそれは、自分がこちらにいて、ものを考える主体である自分が客体のことを考えている状態である。ものを客観的に考えて、理解し、判断することは、日常生活においては大事なことではある。そこでは、自分自身の内なることを抜きにして、ただ問題となることだけを考えている。外的な問題を解決するときには、自分自身に目を向けていない。しかしながら、私たちの中には、自分自身が求める深い泉がある。そこでは、自分がどうなればよいのか、という方向付けが与えられ、心の根底から分かるようになる。長い間見逃していた自分、何年もほとんど触れていなかった自分、もともとの自分が深い泉の中から出てくる。もとの自分の憧れ、純粋さ、真の望み、中からの導きが現れいでるのである。

聖アウグスティヌス（三五四―四三〇）は、「心の根本には内なる教師がいて、私たちに真理を現してくれる。私たちが深く考えるときには、これは本当だ、と分らせてくれる内的なところがある。それは真理自体が語っているのである」〔『教師論』〕と言っている。そしてそれは、内なるキリストである。人間の内から大事なこと、真理が分かってくる。外から分かるのではなくて、内なる自分と一致したものとして、自分の中から生まれてくればよい。私たちは坐ることを通して、そういうところに触れる、そういうところに対する通路を開くことができるようになる。

これが本当に大事なのであるが、しかし私たちは外的なものに埋没しがちである。アウグスティヌスは自伝に次のように書いている。「あなたはずっと私の内にいて、すぐ後ろから私に声をかけていたが、私には聞こえなかった。なぜなら私は感覚的な、外的なことに気を散らしていたからだ。しかしあなたが私の目を覚まし、私を自分の方に呼び戻してくださった」〔『告白』〕。

私たちは、内に戻ると、本当のところから呼び覚まされ、促される。坐るときには、対象化せずに、自分の全てが根底まで一致して、単なる主観的な思いや望み、好き嫌いを全部捨て去り、放っておく。そういうふうに無念無想で、全く何も考えないで、深く、静かな泉のように心を透明にする。そこから、私たちは本当のところに触れる。本当のところが私たちの中に浮かび上がって来る。そういう大きなチャンスが得られるのである。

二　表面的な自分と根源的な自分

理解と行為のギャップ

しかしながら、私たちには多くの場合、どうも内的な力が今ひとつ足りない。たとえ良い意図があったとしても、何も実現しないし、その意図さえ直ぐに忘れてしまう。頭では意図し、意志してはいるが、自分の存在自体の本当の力が込められていない。それは、意識がより深い自分から離れて、漂って、浮いているということである。私たちは、立派なことを考えても、それを自分の中で真に実現し、活かそうとしない。これは、一般的な人間のあり方でもあるし、信仰においてもありがちなことである。沢山のことを読んだり聞いたりしても、それを一つのまとまった重みのあるもの、本気に思いを貫くものとするには、どうも何か欠けている。ギャップを感じる。このギャップとは、自分と本当のものとの間のギャップというよりも、表面的な自分と根源的な自分の間にあるギャップである。頭の中で意志的に抱いているものが、根源的な自分のものになっていないゆえに、自分から遠くにあるかのように感じられることがある。そうして、心が疲れてしまうこともあるだろう。坐っていても、自分の中にたくさんの考えが入っていて、しかし、根っこからそれらを活かすということは、欠けている。それで、何を考えても、そうであるかもしれない、と全てを疑わしく感じる。本当なのかと、どれほど考える内容を重ねても、満たされないのである。

しかしながら、より深いところから一貫して遂行し、実践するならば、私たちの中に根本的な現実感のようなものが、不十分ながら出てくる。そこでは、ものがどれほど大切であるのかが実感でき、そして、実行することができる。こうしたい、こうあるべきだという自分の考えが、現実になる。私たちは誰もが、人を尊重すべきだと考えているのだが、しかし、いざとなるとそれを無視してしまうことがある。だが、真に具体的に人に向かうならば、人がどれほど大切で、限りなく深いものであるのかを知ることになるのである。

自分の内には存在の全ての力が満ちていて、その力を利用して、頭の中にあることを実行する。これこそ人間らしい態度なのであるが、私たちはその力が少々弱いかもしれない。だからこそ、坐ることを通して、表面的な自分をきれいにして、根源に入る。そして、耐えることが大切である。足が痛いといったあれこれに耐える。耐えるということは、表面的なレベルにおける自分が今、本物に貫かれるということである。根源的に貫いて、貫かれる。これが禅である。まずは、頑張って耐える。そこで、表面的な気持ちやあれこれの考えの中に逃げ込むのではなくて、まっすぐになって、本気で掘り下げることを通して掘り下げられて、これは本当だと分かったことが私の中で働くようになればよい。通常、私たちの行為には深みも中心もない。中心にある私というものが私のものになっていないから、行為が不十分になる。私たちが考えるときには、ただ言葉でもって外面を考えるというよりも、本当は事実自体・現実自体・存在自体を考えている。単に頭の中で考えたことを現実に当てはめるのは、外からの見方にすぎない。そうではなくて、問題自体・現実自体を深く考える。そこに、坐禅が入ってくるのである。

理解と意志のギャップ

断片しか残されていないソクラテス以前の哲学者の一人〔パルメニデス（前五一五頃―?）〕は、「思惟することと存在することは、同じことだ」〔『自然』断片三〕と言っている。私たちの場合は、考えることと存在することは全く別のものになっているが、本当は一つのはずだ。そこに精神が貫いて、そして精神が存在自体によって貫かれる。ソクラテスは、「徳とは善いことであり、そして徳とは理解である。理解が正しくできていれば、必ず善いことをやるはずだ」〔プラトン『アポロギア』〕と言っている。しかしながら、私たちにおいては、理解は言葉のレベルにとどまっていて、行動までにはほど遠い。しかし、良く坐っているときには、やるべきことが本当に分かって、そして実行するということは珍しくない。つまりそこでは、坐ることを通して理解と意志との分離が消え、やるべきことを自然に行えるようになる。そして、行為は単なる行為に過ぎないのではなく、その行為自体に存在が満ちている。その中には味があり、実感があり、善さがある。これが人間の本当のあり方なのである。

祈るときにも、自分の存在と心・思いが一つにまとまって、それでもって、内的な大きな力、透明性と共にやる。それは、一方的に自分の勝手によるのではない。「これは本当にそうであるはずだ」という真理そのものが私たちの心の働き、存在自体を養うのである。自分が頑張ってやろうと思って実行することは、表面的な自分が勝手に行うことと同じではない。それは、私たちの内にある本当のこと自体がやっているのである。こういうことは、実際に起こるのであり、後になってみて、出来て良かった、と思うことがある。私たちの神との関係で言えば、パウロも自分の人生を顧みて、「わたしは、他のすべての使徒よりずっと多く働きました」と言って、しかし、「働いたのは、実はわたしではなく、わたしと共にある神の恵みなのです」と言い直している（一コリ一五・一〇）。働いているのは確かにパウロにちがいないのではあるが、本当のもの、神の恵みが彼の内に働いている。このようにパウロが自分自身の全ての努力でもってやっている、そのときに、より深い根源的なところから、神によって、彼は動かされているのである。

私を動かす本当の動機

私たちの場合も、本当に正しい人間としての行いであるならば、それは自己の中心からの行いであるはずだ。私が善いと思うことをやるときに、自分の頭を使って「善い」と判断し、それが動機となって行為する。このような動機は、間違ってはいないが表面的だ。普段私たちは単に主体として客観的に「善いこと」を判断し、「しなくてはならない」と義務感を持って行為する。しかしながら、より深く見ると、善いこと自体が私たちを力強く動かし、私たちの意志・力になっている。これが真の動機――動かすもの――である。私がそのためにやろうとするところ、そこが根源となって、私たちを動かす。これが、真に倫理的な行いとなって、現実を動かすこととなる。

では、なぜそのようなことが可能なのであろうか。坐禅では、表面的な自我を抜きにする。これは、自我が眠ってしまうのではなく、あくまでもやるのは自分自身である。その自分とは、鏡で自分を見て考えているような反省的な自分、表面的で日常的な自分――これを小我という――ではない。日常生活においては、あれこれをしなくては、と追われている。それは、自分の根源からやるというよりも、鏡を通して見ているようなものである。鏡の中に映るのは、本当の自分ではなく他人の目を通して見たつもりの自分であることが多い。そうではなくて、「ただただこれは善いこと、正しいことである」という、そのことそのものが自分の主体性よりももっと根本的な力となる。そのようなことを、人生の目標にすればよいだろう。

自分の心・意志・主体性などが、それ以前の本当のところに根付いていて、そこから動かされ、導かれてやるのであってこそ、真に自らの中から自発的に、自由な心でやることができるのである。実際に実行できるかどうか、それは私の問題ではなく、本当のところが私たちの中で働いてくださる。このような人は、省みるという形で発見した自己ではない、真の自己の存在の中心とつながっている。本当のところは自分の真ん中にあって、私よりも根源的だ。そういうところまで透明になる。このようなことは、もともと人間の本質なのであって、それこそが現実なのである。

関係を持つということ

私たちは普段非常に忙しく、多くの情報に囲まれていて、関係を持つことが難しくなっている。例えば離婚も多くみられる。これは、関係を現実として通すということが難しいということである。しかしながら関係とは、単なる意志によって持つようなものではなく、自分の根本的な現実である。信仰の場合でも同様だが、自分が関係となること、これが人間にとって大きな課題である。人間とは、もともと関係である。では何との関係なのか？　真理との、善さとの、根源との関係であり、その中でこそ自分が自分でありうるのだ。本当の自分が真理と一本になれば、心が良くまとまって、透明となって、歓びが湧いてくる。真理の中に根付いて、そこで自分が根源的な本当のところに賭ける。これが人間にとっての課題なのである。信仰もまさにそうなのであって、信仰とは、本当のところとの関係に生きることである。そこでは、自分が現実を実行すると同時に、現実自体が自分を動かし、支え、押してくれる。自分がやることと、自分が促され、支えられることとの二つが絡み合って、一つとなっている。自分の中の最も主体的で根本的なところ、存在の現存、その本当のところから活かされている。そのような接点が私たちの内にあり、その接点に触れ、根付くことで、自我や表面的な自分を根本まで深めることができる。自我を根源的なところにまで深めるのであれば、単なる我、単なる自分の好き嫌いに惑わされることは少なくなる。自分の望みに固執しても、後で見れば空虚で無意味だったと分かることがある。自分の思い込みから解放されて、根本的な中心でもって、単純に生きることが求められるのである。

三　存在と行為

存在に賭ける

私たちは、単に頭だけで考えると、将来に対する心配がとても大きくなる場合がある。しかし、今のことは今やるべきであり、将来は自分と関係がないとも言える。すなわち、今やるべきこと、「今」の中には全てが含まれている。「今」の中に将来を考えるべきだ、というのであれば、それはすなわち今を考えることなのであるから、それもまたいいだろう。反対に、今を見逃すことは存在を見逃す、現実を知らないということである。そうなると、現実にかわって自分の主観的な様々な思いにとらわれがちになる。

坐禅においては、頭の中を掃除して、考えの全てを一応棚上げしておく。そして、内的な力でもって、自分の中心に向かって掘り下げていく。そうすると、その都度、今何が課題であるかが分かるようになり、その課題を受け入れ実行する力が出てくるようになる。それは、能動的な課題のこともあれば、何かに耐えるという課題のこともあるだろう。残念なことや辛いことでも、これを受け入れることができるようになる。このように、坐ることを通して深い気持ち、深い存在でもってやることが可能になる。心身合一とも言うべき根源的な力、存在の力が働くようになる。

この存在とは、単に「ある」という事実だけを意味しているのではなく、実行につながるものである。存在とは、それを受け入れて、それに自分を賭けるべきものである。何をすべきか、どのような関係において努力すべきか、どこへと深めるべきか、そのような課題を、自分の全てでもって単純に自分の中からやる、そこへと自分を賭けて自分を任せながら実行する。これを受け止めるならば、どんなことでも私たちにとって糧となる。辛くても力が足りなくても、それでも重大なことであるならば私は働き、しかもなお、私の内に働いていただくことが可能になる。自分を鏡で見ることを止めれば、自分と本当の根源のところだけが「いる」。鏡を通して自分を見るのではなく、外から見られるのでもなく、本当のものの中にいるならば、本当の自分が光の中にいることが理解可能となる。外から照らしてもらうのではなく、自我を捨てて貫くならば、私たちの中から本当のものが光を与えてくれるのである。

存在の実現

ヨハネ福音書においては、「本当のもの」と「本当のものの表現」は、真理・ロゴス・言葉として重なっている。「本当のもの」が自己を表現する、それが御言葉でありキリストである。それは根本的な本当のもの、すなわち神を全面的に表現するものである。「初めに言があった。言は神と共にあった。言は神であった」(ヨハ一・一)。つまりここでは、神のあり方は言葉の中にある、と言っている。同じようなことが私たちにおいても、少し似た形で起こり得る。人間は本当のもの、根源的なところの表現・言葉、聖書で言えば「似姿」となる。根本的なところが現れ、その表現・実現となる、これが人間の本当のあり方なのである。父とキリストとの間の関係は、キリストと私たちとの関係と同じものである。それがすなわち、「キリストに似るものとなる」ということである。キリストの表現となり、キリストと一致する。現実に、隠れた根本的な構造と、本物、寛大なもの、存在、その充満さが、他のものにおいて表現され、実現されている、ということは実際ある。そこでは、その表現者であるものと元のものが等しいものとして合致し、表現者を通して本物が見えて来るのである。

ヨハネ福音書でキリストは、「私はある」「私だ」と度々言っている。「あなたたちは、人の子を上げたときに初めて、『わたしはある』ということ……が分かるだろう」とも言っている（ヨハ八・二八）。キリストがいるということは誰でも分かっているのだが、そういう意味ではなく、「私はある」「恐れるな、私だ」と言っている（ヨハ六・二〇、八・二四、八・五八）。旧約の神はモーゼに対して「私はある」（出三・一四）という神の名前を告げている。モーゼは神の名前を与えられて、神の現存を預かって、そこから動かされる。イエスが「私はある」と言うとき、それは神の名前なのであり、神の現れは私だ、ということなのである。十字架の上でこそ、「私はある」ということをあなたは知るようになる。それは、人間は本物の現れとなってよい、ということなのである。

坐ることを通して善いもの、真理が自らをスムーズに私たちの内に実現するようになればよい。これが人間の本来のあり方なのである。現代の哲学者ハイデガー（一八八九―一九七六）は、キリスト教とは異なる文脈において、「人間とは何なのか。現―存在、存在の現われである」〔『存在と時間』〕と言っている。私たちは、善い人との出合いを通して、善いものに出会うことがある。真実な人と出会えば、その中で真理に出会う。すなわち、その人は真理の現れ、善さの表れなのである。人が本物を生きる、実行する、それに動かされる、自分の存在をかけてやるならば、その人の内に真実が生きている。坐ることを通して、私たちは少しそこに近づき、善いこと、理解、真理を得ることができる。自分がそれを受け入れ、それが私を受け入れる。坐ることは、これらに大きな助けとなるのである。

四 限界のその先へ

パウロは回心したときに、キリストは私を捕らえたが、私はキリストを捕らえていない（フィリ三・一二―一三参照）と言っている。つまり、キリストが私をとらえた。そして、私はキリストの内にいること、キリストを信じることを目指して、キリストを知ろうとしているのだが、しかし、まだまだ出来ていない、と言っているのである。しかし、今までのことを忘れて、先に進もうとしている。頑張ってやろう、とも言っている。これは坐禅の一つの特徴でもある。ある一定のところで終わることがない。人間の存在のあり方は、いくらでも深まることができる。限界なくより純粋に、単純に、正直になる。私たちが坐るときに大事なことは、自分にできないこと、しかたのないこと、限界は様々あるにしても、しかし自分の中心においては、そうではない、という点である。坐るときには制限を捨てる。もうできない、もう十分だと思うとき、もう少しだけ、と、小さな限界を超える。思い込みや自己満足といった限界は、人間本来のあり方ではないのであって、本来の人間は無限に開かれている。日常的な「小我」は、もうこれしかできない、これで仕方がない、と自らを制限し、固定化してしまう。このような固定化された制限を貫いて、相手にしない、考えない。全てを頭の中から片付けて、空っぽにして、心を単純に統一して、一貫した形で、無理なしに、全力でもって、静かになり、呼吸を整えて中に戻る。では、そのようにして坐ろう。

（二〇一二年四月二一日）

第九章　「今」における存在理解

一　自分の全てを尽くす

皆様、今日は私たちの接心の中日《なかび》である。既に半ばに至り、時間の半分を使ってしまったという驚きもあり、また、何とかやり通せそうだと少々ほっとしてもおられるだろう。ここで少し立ち止まって、当初の意図に戻り、接心を全体としてとらえてみよう。残りの時間を考えて焦るのではなく、しかしこの時間内に今自分にできることに全面的に注力しよう。私たちは接心に入ったときに、一応エンジンを止めたはずだが、しかしまだ意識はぐるぐると回り続けている。焦らずに、スピードを緩めるほうがよい。

三日目に入って、足も少し慣れて、何とかやり通せそうだと心の中に余裕が生じてきてもいるだろう。もうそれほど極端に苦労することもないかもしれない。だが、余裕が嵩じて気を散らすことなく、より内的・精神的なところで深く一致することが課題となっている。自らに慣れを許さず、単なるパターン化された繰り返しに陥ることなく、より深く自分自身の内へと入っていかなければならない。

それは個人個人のイニシアチブ、内的な目覚めた意識によって可能となる。常に自分の最先端、中心のところが自分の実際の存在に触れながら深めていく。そこでは私たちは、自分の全てをかけているか否かが問われている。単にゆっくりと時間を過ごすのであれば、それはもはや坐禅でもなくましてや接心でもない。ゆっくりと過ごすのではなく、今、働く。その都度その都度自分にできる全体でもって、「やる」。イエスは、ご自分について行くためには、まず自分自身に対して手を離すことが条件だと言われる。戦争のたとえ話では、二万人の兵を率いて迫って来る敵を一万の兵で迎え撃つことができるかどうか、まず腰をすえて考えてみなければならない。もし無理なのであれば、敵がまだ遠くにいる間に和睦することとなる。しかし妥協するのでなければ、自分の一万人でもって、全てを尽くしてやらなければならない。つまりここで自分はどちらの方針をとるのかを考えなければならないのである

（ルカ一四・二六―三三）。

人間は時間の中に生きている。しかしながら、時間が長いか短いかが人生を決めるのではない。時間の中において、自らの全体でもってやろうとしているかどうか、人間の根本的なあり方は、そこにかかっている。自己の全体を挙げてやるのであれば、その時々に根源に触れて、本当のことができるようになるのである。

さて、まず具体的なやり方としてお勧めしたいのは、ただ、今に尽きるということである。前後のことを一切考えずに、今・ここを区切って、そこに絞って、その中にいる。このようなことを習おうと努めるべきである。とにかく気を散らしてはならない。自由時間においても、自室で何をするべきかは自分で識別しなければならない。本を読んだりせずに、たとえ五分でも自分で決めて坐るのもよいだろう。

二　アウグスティヌスにおける時間

時間の唯一のあり方としての「現在」

アウグスティヌスが『告白』の時間についての箇所で言っているのだが〔第一一巻第一一章―第三〇章〕、意識は普段緊張している。過去を思い出したり未来に期待をかけたりして、意識は時間の中にある。しかし彼も言うように、これは根本的なあり方ではない。根本に存在するのは、ただ現在のみである。過去にあったことを現在思い出しているのが過去であり、未来にあるだろうと思うことを現在考えているのが未来である。過去を思い出すのも、未来について待ったり焦ったりするのも、今においてである。それゆえ、時間というものの根本的なあり方は、過去から現在へ、そして未来へと延長する直線なのではなく、ただ現在だけである。

それでは、現在とは何か？　現在とは意識に対して注意することだと彼は言う。では現在はどこにあるのか？　それは心の力の全てを統一するところにある。自分の意識を統一することによって、自分に現在が与えられているということを受け止めることができる。時間はその都度の現在にある。今、自分に命が与えられており、今、ものごとが関わってくる。これが時間の真のあり方なのである。

現在とは単に過去と未来の境界線ではなく、現在にはちょっとした幅がある。そこから過去を思い出したり、そこから未来を比較したりする、そこに「今」というものはある。過去はもはや存在せず、未来は未だ存在しない。「ある」ということは今の中にしかない。それゆえ現在とは存在自体の場なのである。

存在の呼びかけとしての「現在」

存在とは、関わってくるということである。「ある」は現在形であり、その現在形は「今だ」、と、私たちを呼び覚ます。存在が現存することによって現在がある。私たちは存在に呼び覚まされ、それを意識の中に受け止めて注意することで、「ある」ということに直面する。「ある」ということとつながる。

あるということは、それ自体として現在なのであって、あることそのものの中には過去も未来も含まれていない。あることはともかくある、ただある。「ただ、ある」とは、すなわち永遠である。過去が失われることもなく、未来をいまだ欠くのでもなく、永遠の「今」。

この永遠が私たちに呼びかけて、私たちの中に今を呼び起こす。私たちの中で存在の呼びかけ、存在からの関わりが今という時間として現れ出てくる。それゆえ、あらゆる変化するものを貫く根本的な今において、存在とつながることができるのである。

坐禅においてやっているのは、まさしくこういうことである。坐禅においては、意識に映るものごとにとどまることなく、「ある」というただ一つだけに尽きる。今の中に没頭し、今の中に根を降ろす。それは「ある」を止めることではない。自分の全てが「ある化」されるとでも言おうか。自分の全てが「ある」ということの中に入ることができるならば、深い統一が得られるだろう。個別的な自己の意識に執着するのではなく、意識が存在の中に没入して、自分を飲み込んでもらう、その中にとどまらせていただく。精神の本来の場は存在なのであるから、存在に没入することによってこそ、精神は統一されるのである。

三　存在理解

存在の似姿としての理解

精神から理解が生じる。理解とは、過去を考えたり未来を予期したりすることではない。理解することができるもの、それはただ、存在だけである。それゆえ、精神の本来の習性は、「ある」というところにある。存在を通して遂行し、自分自身を理解する。これは根本的には、神を通して自分になるということでもある。聖書においては、あるということはすなわち分かることである。あるということは、揺るがないことである。私たちは存在に満たされて理解する者となり、存在を通して自己自身となるのである。

理解とは、対象として言語で示すようなものではない。深く坐るときには、精神があるというところに根を下ろして、満たされる。これは終末的な状態だとパウロは言っている。終末においては「神がすべてにおいてすべてとなられる」（一コリ一五・二八）。神の存在が私の中で全てとなる。私はもはや「ない」ということを考えることもなく、排除も限定もしない。

存在における平安

それでは、理解とは何か？　キリスト教の伝統における聖書的なものの見方にもとづいて言えば、理解は存在の似姿である。自己が存在を通して、存在に従って形成される。自己は存在に満たされて、その響きとなる。それゆえに、存在には消極性・否定性がない。自己が存在の似姿になるならば、そこには深い平安がある。自己の奥底において私たちは素直になって、心が清らかになって、もはや何かを警戒したり排除したり争ったりすることはなくなる。奥深くにおいて平安とつながるならば、自己の表層的な感情を超越して、より深いところに立つことができる。確かに私たちは、その時々に気持ちが高揚したり沈み込んだり、暗くなったりすることがある。しかし、そのような感情は自己の勝手な思いなのであって、そこではまだ存在が、自分に入っていない。自分が過去の出来事に影響されて、悲しみや喜びとして現れてくる。このような単なる感情は、真の現実からは遊離しているのであって、自己の真の心はむしろ、もはや自分の気持ちにとらわれる必要がない。ただ、今、存在に対して目を向けることだけが必要なのである。

坐ることを通して私たちは、自分の気持ちを貫いて、より深いところへと入っていく。自分の気持ちなどというものは、もはや自分にとっては支えでもなければ負担でもない。パウロは「定められたときは迫っています」（一コリ七・二九）と言っている。ただし、この箇所は「時間が短い」と翻訳するのが適切である。「泣く人は泣かない人のように、喜ぶ人は喜ばない人のように……世の事にかかわっている人は、かかわりのない人のようにすべきです」（一コリ七・三〇—三一）。すなわち、悲しんだり落ち込んだり、忙しく人と関わりあったりする、それらは時間の中でのことである。しかし時間は短いと分かっているのであるから、時間を貫いて、時間にとらわれないようにすべきである。これはすなわち、自分の気持ちにとらわれないということでもある。時間の中で変化する気持ちよりも、より深く、安定した、変化しないところが、根源的な「今」にはある。そこで神の近くに根を下ろすことができる。

私たちは、具体的なあれこれの苦労に左右されて、様々な気持ちにどうしようもなくとらわれる。それは当然起こりうることであって、私たちに課された課題なのであるが、しかしそれをどのように受け止めることができるのか、それが問題である。変転する自己の状態を把握した上で、しかしそれに支配されることなく、根源的なところに戻って、そこで安定している。根源から、自分のその都度の気持ちを捉えなおし、正しく受け止めることができる。自己の状態を、単に頭で理解するのではなく、真の意味で見抜く。より深い根源的な力によって自分を貫く。足の苦労を通して貫いて、そこから、後悔や悲しみといった状態を受け止める。これらは今自分に与えられたものなのであるから、支配されることなくそれを用いる。正しい意向の方向の中へと組み入れることができるはずなのである。

自己の理解

今強調したいのは、ともかく離れずに穴を掘って掘って、頑張って耐えるならば、私たちの理解に多少変化の可能性がある、という点である。トンネルの中に小さな穴があいて、そこから光が入ってくると、この方向だな、と分かる。それでは何が変わるのか。坐禅の際にはもちろん考えることはしないが、しかし私たちが本気に坐るならば、福音を深く理解する助けとなり得る。信仰を通して根本的な理解に到達することも、逆に坐禅を通して得られる根本的な理解を通して信仰を統一的に深く理解することも可能である。

それでは、根本的な理解とは何か？ それは頭だけで理解するようなものではない。アウグスティヌスは、人間の精神・心がどのような構造を持っているのかを考察している『三位一体論』。彼以前の多くの思想家が、人間の精神の特徴として、理性、つまり認識能力と意志と欲求能力を挙げている。しかしアウグスティヌスによれば、言葉や概念によって理解することは、ものごとを対象化して考えることである。彼は、それ以前にまず精神の根源には根本的な自己意識がある、と考え、それを記憶と呼んでいる。記憶とは昨日あったことではなくて、自己の存在理解である。自分が自分自身に気づく、自分自身と内的につながっている。これは、何かを認識したり、考えたりする以前にあるものなのである。記憶とは根本的な存在の現存であり、根源の自己意識である。そしてこの根源の自己意識を通して、存在意識がある。そこで存在が私たちに触れる接点を求めているのである。

存在の力

私たちは坐ることを通して、根源的な存在理解、存在経験に向かって少しでも透明になろうとしている。これは力を入れるということと関係している。存在は意識の中でまず力として響いてくる。集中を保てば力を得られるが、そこから離れてしまったら、何もできなくなってばらばらになる。そうしたらまた集中して、自分自身をとらえなおし、自分自身を受け入れる力を得る。存在に対する理解は、確かな安定した力を生む。「ここ」だ、という不動の確かさから安定が得られる。聖書でも、存在は岩だと言われている。「わたしはこの岩の上にわたしの教会を建てる」（マタ一六・一八）。存在との関係の内でこそ自分が安定できるのである。

このように確かなところがあるからこそ、私たちはほっとしてもいい。坐るときには、一生懸命努力すると共に、ほっとして、全てを任せてそのままであっていい。これは全ての努力に勝る。洗礼者ヨハネは女から生まれた者、つまり人間にできる最高のことを一生懸命にした。「しかし、天の国で最も小さな者でも、彼よりは偉大である」（マタ一一・一一）。一生懸命に努力するということは、任されたまま、根を下ろしたままになって、ほっとできるようになったということである。もちろん掘り下げ続けなければまた離れてしまうかもしれない。しかし静かに坐るときには、自分に向き合うのではなく、根源的に確かなところへと注意力を向けて、そちらとのつながりを求める。そこから自分自身を癒していただいて、より深く安定して委ねることができるなら、大変大きな恵みとなるだろう。

根本的な存在理解、現実理解という場合、私たちは単なる日常的な仕事や家庭といった現実を想定しがちだ。しかし、確かな現実とは、形のない、ただ何もないような静けさ、力、確かさである。そこでは時間が止まり、焦りは消えて、何も欠けたものがない。過去が失われるのではなく、ただ今が全ての始まりとなる。もはや心の傷や苦労は流れ去って消えてしまう。そのようなところに丁寧に根付いて、心も頭も体も動かさずに、ただただそのまま深まるように努める。たとえ足が痛くても、痛くなくても、同じように静かなままで自分の全てをかけて、ただいる。そこで精神が自分の根源に戻るのである。

四　洞察と知恵

そこで、ある種の具体的な洞察が可能となる。これは、単なる思い出とは異なっている。時間的な意識の中で浮かんでくる大小の出来事を思い巡らすのは、時間を無駄にする遊びに過ぎない。これとは違って、重大なことが分かるようになる。視野が飛躍的に拡大して、例えば自分の中の愚かさや憎しみ・差別といった悩みが何ら必要のないものだということが見えてくる。悩みの種を快く受け入れれば、何の問題もないのではないかと、深い理解が与えられる。あるいは、こうも思うがああも思う、と二つの考えがなかなか統一されないことがある。あるときそれらの間を貫くつながりが、なるほどと、分かって、深い特別の理解に入ることができる。あるいは信仰生活において頻繁に使っている神・キリスト・聖霊・永遠の命・罪といった言葉について、いったいこれらは本当は何なのか、ということが少し分かるようになる。単なる知的な理解ではなく、現実自体の中から汲んだ理解が出てくる。言葉として理解するよりも、静けさの中から浮かんでくるような純粋な透明さ、明らかさでもって、当然のこととして理解する。自分の理解の背景となる視点の方からものごとを考えて判断する。洞察を言葉にすることは、網で海から魚を掬うようなものである。洞察を言語化すると生気を失うが、魚を再び海に戻すと、魚は生きかえる。

坐禅においては、根本の理解が可能になる。根本的に分かるということと自分自身について分かるということはつながっている。イザヤは「聖なる、聖なる、聖なる万軍の主」を知って、同時に「災いだ。……わたしは汚れた唇の者。……しかも、わたしの目は王なる万軍の主を仰ぎ見た」（イザ六・三―五）と、汚れた自分自身について理解する。それが同時に彼にとって召し出しの始めとなるのだが、しかしそれは根源的存在の清らかさとつながっている。神が私を通して関わってきて、自分が神との関係に近づき、自分自身をその中に組み入れるということが可能になるのである。

それゆえともかく、今こそ頑張って、自分の存在という網を使って、より深く摑もうとする。その際、決してほかの雑事が混入しないように注意しなければならない。自分自身で直接やるよりも、自分の存在を神に使っていただくことによって、主が私たちの中で働かれ、自分が再形成されるほうが大事である。徹底的に坐ることを通して、根源への望みが自分の中に生きてくればよい。そのためには統一した心を必要とする。自分の意志・存在を使っていただいて、根源のところから吸収され、満たされ、動かされて、つながることができるようになればよいだろう。

聖週間の朗読には知恵が登場する（バル三、四）。知恵とは単に様々な経験を積めば得られるようなものではなく、第一根源を通してものごとを考え、神を通して理解することである。

さらに知恵は理解すると共に生きて実行する可能性も含んでいる。この知恵は、ロゴスであるキリストを示している（ヨハ一・一―四）。キリストは神から生まれた神の光である。「これはわたしの愛する子、わたしの心に適う者」（マタ三・一七、マコ一・一一、ルカ三・二二）。「今日、わたしはお前を生んだ」（詩二・七）。私たちは自らの理解の限界・一面性を知りながらも、それでも信仰による知恵に開かれているのである。

このように根源を通して生き、全てを受け入れるためには、どうすればいいのか。もう一度はじめに述べたことに戻って、今は大きなことを考えるのではなく、単純になって、謙遜になって、無となって、自分勝手な思いを貫く。ただ、まさに今・ここで内的に一致して、注意力を集中して、自らの全てを尽くす。落ち着いて、自分にはできないなどと考えずに、自分なりの形で努力する。

自分なりの考えを持つことは、すなわち自分の中に限界を見ることであって、そこには存在はない。自分の存在の限界まで行くと、その限界の奥にさらに扉が開かれて、つながりが始まる。坐ることは限界状況〔カール・ヤスパース（一八八三―一九六九）『哲学』第二部〕に近いようなものである。ヤスパースは、自分の力では整理できない、克服できないような状態が人間の中には潜んでいると言っている。私のどうしようもなさが、苦しみ・死・罪・負い目、あるいは人との対立といった様々な形で表れてくる。日常生活においてはうまく処理しているが、しかしいつか浮かびあがってくる。これらをただ頭を使ってうまく整理することはできない。それらに対して目をつぶったら、非本来的で表面的外的なあり方に流されてしまう。しかし正直に受け止めるならば、自分の力を超えて壁が貫かれる。

坐禅は一つの限界状況となりうる。ギリギリのところまで頑張って苦労することで、自分の存在の壁を閉ざしている自己完結が貫かれる。イエスは「自分を無にし」（フィリ二・七）た、とある。そのとき、もはや自分を拠り所とはせずに、忠実について行くならば、壁を突破して、思いがけなく何かが実現することがあるだろう。落ち着いて坐りましょう。

（二〇〇九年八月三日）

第Ⅲ部　禅と信仰

第一〇章　禅と宗教

今回は、何のために禅をやるのか、その効果について少し触れてみたい。特によく聞かれる問題として、キリスト教においてどうして仏教的な修行をやるのか、という問いがある。これについて、少しだけ考えていることを申し上げたいと思う。

一　禅と仏教

キリスト教の中にも旧約以来様々な黙想の仕方があるが、禅のようなものはない。そもそも禅がどこから始まったのか、ということもあまりはっきりとは分かっていない。お釈迦さま以前からインドの中には様々なメディテーション法があった。それゆえ、禅は彼の発見ではないし、しかもその時代の方法が禅であったのかどうかもまた、断言はできない。禅はおそらく六・七世紀の中国で段々に形を取ったようだが、それもよくは分かっていない。

禅の特徴は、純粋な実践だという点にある。つまりそこでは、何らかの信仰宣言が根本となっているのではない。これは非常に重大なことであろう。なぜならば、何らかの世界観や信仰宣言が根本にあるのならば、それに賛同していない者は禅ができないことになる。しかし、そうではないはずだ。私たちが実践しているとき、まず第一の根本は何も考えないことにある。だとしたら、何も考えないということは、何らかの信仰についても考えることもなければ否定することもないはずだからである。禅とは、直接にある世界観の実現や神秘的な信仰を考えるものではない。禅という修行は、私たちがいつもしているように、ただ坐って、小さくなって、呼吸に集中する、そのような道を通して進んでいくものである。そこには言葉が含まれていない。概念が入っていないのである。もちろん、私は提唱において話をするし、そこにはキリスト教的な内容が入っているが、しかしこれは付随的なものであって、この内容について考えるべきだというわけではない。ともかくやってみる、ということが大切なのである。そこには、仏教的な世界観や人生観もまた含まれてはいない。禅はそれ自体として全く中立なのであって、だからこそ誰にでもできるものなのである。

二　禅の目的

基本的には、禅において得られるものは、禅の直接の目標ではない。しかし、結果的にそれが役に立つということはあり得る。現代社会においても、言葉に対する不信感や、概念的思考に対する否定、本当のところとの接触を求める志向性などが見られる。むしろ現代においてこそ、何らかの経験を求めるという傾向性が強まっていると言えるかもしれない。しかし、あまり経験ばかりを重視するのであれば、これは動機としては不足しており、それでは行き詰まってしまうという可能性もあるだろう。

禅は各国各宗派で多様なあり方をしているが、その細かな差異には立ち入らず、私たちはここでは基本的に曹洞宗のやり方を踏襲している。曹洞宗においては、悟りという経験を中心にはしていない。坐ること自体が悟りだと考えられているからである。それでは、何のためにやるのか？　もちろん、目的に関してはたくさんのことが言えるだろう。体を癒すためや芸術的な創造力を生かすためにやっている人たちもいるし、様々であろう。動機としては、一人一人に自分なりのアプローチ・考え・望みがあってよい。しかし例えばこういうことも言えるのではないだろうか。私たちの普段の生活や考え方・生き方と、自分が基本的に目指したいこと、例えば信仰を中心に生きる態度、これらが一致するようになる。そのような可能性が、禅を通して開かれることは確かである。禅を自分の全体でもってやっているときに、例えばキリスト教の教理などを自分の坐っていることの内容とするということはない。坐るときには、坐る、ただそれだけだ。もちろんそこには、一人一人のあり方に従って、自分が何のためにいるのか、何が根本的なところにあるのか、といった本質的な自己理解・神理解・信仰理解があるかもしれない。しかし特段それをテーマとするわけではないのである。

では、生活と、自分が根本的に目指している信仰の統一は、どこから出てくるのだろうか。禅とはまず人間全体でもってなされる営みであり、自分の体も姿勢も全てを挙げて、エネルギーの全てを尽くす試みである。それゆえこれは、統一そのものを実行するということにもなるのではないか。禅においては対立物を対立しているままにしておくのであって、あれこれの区別、自分の内なる理性と感情の区別などはないものとなっている。ただ自分を一つの全体として実行するのである。禅やキリスト教の様々な内容を比べて迷うのは意味がない。ともかく坐るのであれば坐る、それに意味があるということは、実質的に経験として分かる。人間であれば誰でも禅ができるのであって、特別な性格でなければならない、というような特殊性はないはずである。

内的な統一とは、自分の中に入って、中心に向かって、内的な原点に戻る、あるいは心の根底に戻るなど、様々に言い表すことができる。自分はどういう態度で生きるのか、何を考えているのか、どうやって行動するのか、これらは別々の問いではなくて、一つの共通の根底に繋がっている。これが人間の特徴である。動物の場合には、食事を求める本能や、ライバルと戦う本能、上下関係や社会性など、様々な本能に分かれている。しかし、人間の場合はそうではない。人間の本質はこれあれと分かれているというよりも、根本的な一つのエネルギーにある。坐るときには、対象との関わりをいったん棚上げしている。人間が様々に行為したり感じたり考えたり決定したりする、それらは一つの木の枝に例えることもできよう。そして、枝葉ではなくそこから自分が成っている木そのもの、その根っこに入る、これが禅である。対象的意識の壁を貫くには、多少足の痛みを伴うだろうが、それ以前の元々の純粋なところとの関係が自分の主体性・存在全体の源としてつながっているのである。

　そこでは、人間がより根源的になっていくと、周囲の世界との対立、意識の表面で起きる敵対関係は消えていく。根源の方向に向かって深まっていくと、様々な能力や感覚の全体がより強く結びつくようになる。そして、理解と自分の実際の態度もまた深くつながるようになる。一見関係ないものが、実は一つの根本によっているのだということが分かるようになる。禅は自分自身を貫くものであるゆえに、多少苦しいこともあろうが、人間全体が、人間の根源たるところ、人間以前のところから養われ、方向づけられ、生かされるようになる。それは同時に、自分の具体的な意識までに響いてくる。対立とは否定性でもある。具体的なレベルでは否定性もまた大切な識別能力ではあるが、しかし根源的なところでは、全ては一つにつながっているはずなのである。

三　禅の宗教性

禅は本質的に宗教的な方向付けを有している。宗教とはすなわち、人間が人間以前、人間以上のところを通して生き、そこから世界を理解する、ということである。現代では禅を全く宗教から独立した形でやる傾向があるが、それでは禅の力を尽くすことにはならないのではないだろうか。

禅の具体的な結果にとらわれて、このような結果が得られたからよい、と判断するのではなくて、禅は道だと考えるべきだ。つまり、禅の一つの段階を絶対視するべきではない。禅は道であり、その道のどの段階にも本当のところとの関係が入っているのであって、私たちは常に既に途上にあって進み続けるのである。どの段階もこれでもう終わりだということはなくて、常に深まっていきながら、同時に常に目的に触れているのである。

どの経験においても、本当のところとの関係が透明になっている、そこに禅の本質がある。それゆえ、人間が本来的に宗教的な存在であり、世界内的なことにとどまらずに自己を突破して自分を超えることで自己を実現する、これが禅の方法において深く実現されるものなのである。もし宗教が本来の意味で人の中で生きているのであれば、禅はそこで効果を発揮するはずであろう。

それゆえ、禅に必要な能力や内的成果などは、付随的に伴いはするが、そこが重要なのではない。禅は具体的修行のであって、決して楽なことではない。修行とは、様々な付随的なことを放棄できるようになり、大事なことに力を入れることだ。この修行はその都度その都度自然に深まって、常にもう少し、もう少し、と集中していくことになる。

四　禅の実り

こうして人間は自分の全体をよく把握することができるようになり、内的な理解が透明になる。人間の全体的な力が呼び覚まされ、そうすると視野が包括的に広くなる。自我自身はもはや規範ではないので、自分と他者を比較することもなく、小さな執着に対して手を離すことができるようになる。そうすると、例えば人と共にいられるようになる。自然には自分とあまり合わないものごとであっても、耐えられないことは少なくなる。

そこではむしろ、根本的な現実が開かれている。実際に現実に触れて、それに対する理解と感覚が働くようになる。さらに、日常的な意識においては表面的なレベルにとどまっているのが、深く坐ることを通して深く感じることができるようになる。人生の問題に向かうというような難しい局面においても、識別力が鋭くなる。自分自身の真ん中から、自分の本当の方向に向かって、自分を賭けることができるようになる。

また真のメッセージに本気に耳を傾けて、言葉が自分の中に入ってきて生きてくるようになる。あるいは逆に、あまり意味のない言葉をはっきりと区別できるようになる。建前を見抜いて、本当のところに心がまっすぐに触れようとする。

本当の善さとは、その中に一つの招きが入っている。自分の心が善い方から誘われて、そちらに向かって動かされるようになる。それは義務感というような外から押しつけられたものではない。禅の限界であると共に、大きなプラスでもあるのだが、禅をやれば自動的に私が良くなるわけではない。ここに道があって、常に常に出発点にありながら、少し分かりかけている。その道の中に自分を賭けて、自分を尽くす。坐るときに私たちがしているのはこのようなことなのだ。

例えばお祈りをする際にも、焦りなく大変スムーズにできるようになる。そこでは心が喜んでいる。自分の思いを導いていただくという、人間の本来的な超越との関係が芽生えてきて、深くつながって信頼するようになる。黙想する際にも、聖書に対する理解力が透明となって、重要なポイントが見えてくる。ただの具体的エピソードと見えたことに実は大変な力があるということが、深く分かるようになる。分かるとは、ただ対象的に理解することではなくて、それが現実だということ、自分がその中に含まれて、そこに参加しているのだということが分かるのである。

よく坐った後では、理解から実現への道が開かれる。分かっていてもやらない、とか、忘れてしまうとかいったことが減っていく。また、具体的な生活における様々な状態に柔軟に対応することができるようになる。例えば車を運転するときには、正しいギアで走らなければならないだろう。一速では高速道路は走れないが、山道には適している。このように、ギアを変えることができるようになる。すなわち、状況に正しく溶け込むことができる。意識の根底においては全体は一つであり、しかし今の状況や浮かんできた考えに意味があるのかどうかを、ゆっくりと識別できるようになる。内側から導いていただき、導きを受け止めることができるのだ。意識を整理することで、無駄な意識の負担を下ろすことができる。悩みでいっぱいになって、一人で何に悩んでいるのかも分からないというようなことは減って、今何が課題となっているのかを整理して、後のことは全く預けてお任せしておけるようになる。何を大事にして優先させるべきかが識別できるのである。

そうすると、焦りがなくなる。焦りは自分への不満から沸き起こるのだが、不満はとにかく不満のままで受け入れる。今日一日大したことができなかったら、それでもよい。間違いがあれば、間違ったということで終わりにして、お預けして、また新たにしていただく。そういうふうに意識が綺麗になると、より大事なことが顔を出して関わってくれるようになる。置かれたここが楽しい、良い、と思えて、任されたままになる。主の近さに身を置いて、根源的なところが近くに共にいてくださる、という関わりから逃げなくなる。

私たちの生活全体が少しでも良いものとなったら、禅が実っているということだ。大きな関係の中で導きのもとに触れながら生きるならば、いつでもまた簡単に中心に戻ることができるという安心が得られる。安心して、休むときにも働くべきときにも、その全体が一つの正しい御旨に貫かれている。そして、そこから離れてしまったら、これは失敗だった、と明確に分かって、転換して元に戻ることができる。それはつまり、普通のことを意識上でやりながら、それを通して本物との関わりが開けるということだ。そうすると積極的になれる。自分の中の暗闇や沈みがちな心に段々と光が差し込んできて、本当の平安とつながることができる。そこでは、動かされることと、自分が自分自身を動かすこととを、区別しなくてもかまわない。今の中に生きることの内に、本当のところへの見通しが入っている。建前なしに自分の中に生きようと努力する。人との関係においても建前なしに、正直に単純になるように努力する。そうすると、本当の根源的な力がその人を通して伝わっていくということもあり得るだろう。

五　心の火花

エマオの二人の弟子たちをイメージしてみよう。道の途中で主と出会って、段々に分かるようになって、そして後になって、ああ心が燃えていたではないか、と言っている（ルカ二四・一三―三二参照）。確かに人間の中には、どの人の中にもどこかにそういう小さな燃えているところがある。イエスは「わたしが来たのは、地上に火を投ずるためである。その火が既に燃えていたらと、どんなに願っていることか」（ルカ一二・四九）と言っている。私たちはそういう心の火花を隠してしまっているのだが、自分の挫折や曲がった態度に、心の火花が生きてくるのではないだろうか。火花は、純粋な神秘思想、中世の深い霊性においては大事な言葉になっている。一四世紀ドイツのマイスター・エックハルト（一二六〇頃―一三二八頃）は、そこで神との接触があると言っている。神との関係において透明になって、命が流れてくる〔ドイツ語説教一〇番、二〇番b、四八番〕。禅において人間を中から活かすということは、人間の全ての精神的な能力を発展させて、活かすことができるようになるということだ。中心に触れる機会が与えられたなら、大きな信頼でもってつながることができる。それは自由な人間になるということにつながっている。そこで新しいアイデアがわいてくる。

私たちにはたいしたことはできないかもしれないが、大きいことと小さいこととは同じ根源から出てくるのであって、大小や、自分に近いか遠いかは、予備的なレベルだ。主のまなざしのもとでは、信仰生活において全てはプラスになる。私たちが唱える詩編や単純な祈りは門を開いてくれる。本当の存在に触れて、そこから自分を預けて使っていただく。自分を抜きにして後に回しても、それは全然苦しいことではない。ごく普通の生活においても、大きなこと、あるいは奥深いことにおいても、全てを貫いて、全てを活かす、これが坐禅を通して育っていくのである。

（二〇一四年三月三〇日）

第一一章　色即是空

一　作務

毎日の作務は、全く坐禅の一部分をなしている。それは日常的に必要な仕事であると共に、坐禅を通して実現すべきことを、今徹底的に自分の行為でもって現実化することでもある。行為においても、静かに坐ることにおいても、基本的に同じ基盤を中心としている。もちろん作務のときには思考が働いているのではあるが、考えていないかのように考えるべきである。パウロは終末的な態度として、「泣く人は泣かない人のように、喜ぶ人は喜ばない人のように、……世の事にかかわっている人は、かかわりのない人のようにすべきです」（一コリ七・三〇―三一）と言っている。これは建前という意味ではなく、具体的な行為・行動・経験の元には、変わらない究極的なところが常に基盤となっている、ということを意味しているのである。

禅の場合には、これを色即是空と表現する。色《しき》とは、色々な色、様々な仕事や経験であり、空とは無区別で根源的なところのことであって、その間の往復が重要なのである。色《しき》という生活の様々なことが、言って見れば、空に尽きる。空というものが、生活の中に実っている。私たちがこのようなことを少しでも実現できるようになればよい。「即是」すなわちイコールとは、根源的なところこそが第一であり、そこに入るという意味である。私たちが坐るときには、そのような無区別なところに自分の身、自分の心を全面的に置くことが課題となっている。自分の目には無区別と見えるところも、決して無内容ではない。このことを、私たちは本当は分かっているのである。

作務は根源的なところから生まれて、またそれに戻る営みとなればよい。もっとも、作務の際には瞑想的にゆっくりとやるのではなく、効果があがるように、徹底的かつ速やかに行うべきである。

三《さん》昧《まい》

深い内的な統一の中にとどまることを、三昧（字は当て字で、本来の意味とは無関係）と呼ぶ。三昧のときには、体と意識がよくまとまっていて、一つとして働いている。外界との関係からは、ガラスの壁を通しているかのように、直接的に影響を受けることなく、また自分の意識に命令することもない。根源的な理解において、自分が今為すべきこと、置かれた状態に気がつきながらも、状態にとらわれたり規定されたりはしない。意識はただ自分自身の内にとどまって、一致している。全てに気が付きながら、外へと呼び出されたり、バランスを失うような刺激が入ってきたりすることはない。眼差しは内へととどまり、呼吸は静かに動いている。

このとき、提唱を聴くことはできるし、言われたことを全て理解することもできる。三昧のままで、例えば独参のときに具体的に話すことさえも可能ではある。あれこれと自分勝手にやったり、理性によってものごとを区別する、その以前の段階で、「ここだ」と、深まりつつとどまる。貴重な状態ではあるが、ただそのまま、そのままにすればよい。

三　あるがままにいる

存在への開け

坐ることは、あるがままにある、ということである。坐禅とは、自分の意識や活動以前にある、「ある」ということに対する接触である。この「ある」は、自分が作ることも考え出すこともできない。私たちはただ任されたままになる。坐るときには、意識を集中して完結しているのではあるが、しかしこれは勝手に何かを排除するのではなくて、もともとあるところに戻るということなのである。

坐禅においては、進歩とは、明日に向かって先へと進むというよりも、元に立ち返ることである。明日のことを考えることは一切ない。明日はない。自分のものでもない。「あるもの」は私の思いとはかかわりなく既に実際にあるのだから、自分の思いからは一切力を抜くべきである。

坐る際には、頑張ってきちんと坐ると共に、首・肩・足から力を抜く。力を抜くということは、私自身がもう自分のものでなくてもいい、ということである。それはすなわち自分自身を自分が見通すことができないところに委ねる、曝すということを含んでいる。自分には把握できないところにいさせていただく。そこに自分の場がある。自分の存在の境界を具体的に限定せずに、開かれたままになる。自分自身に対して手を離すことによって、自分が元のところ、あるところへとつながって、存在との関係で生きてくる。あるがままということは、単に自分から手を離すだけではなく、「がまま」ということを受け入れるということである。存在があるがままで私に対してあってよい。具体的な食事にしても、そのまま受け入れてそれなりの味で味わう。

あるがままということとは、「ある」ということを、その事実性においてとらえることである。それと共に、事実性の中には現存の根源性が不可分的に含まれている。具体的な一つの仕事、作務の中にも、あるということの根源的な無区別性が胚胎しているのである。

色から空へ

これはまさに色即是空とも関係している。言い換えれば、どんな具体的なことの中にも根源的なところ、「ある」そのものが現存している。あるということが今ここで、私に対して、関わっているのだ、ということである。そうすると、ものごとが透明になって、分かるようになり、受け入れられるようになる。呼吸とは、受け入れて深く入って、その中に生きるということである。受け入れて吸収し、同化するということは、すなわち自分になってよい、ということなのである。

それはまた、ものごとの外に立って、観察者・目撃者として判定・判断するのではなく、参加者になるということでもある。その場の中に共にいさせていただく、生きさせていただくと、自分がその状況の中に含まれてくる。例えば水泳するときには普通水の上に頭を出すが、小さな子供は顔を上げずに水の中で泳ぐ。坐禅においても、自分の意識だけを上に出したりはせずに、海の中に居る。あるがまま、そのままの中に視点を置いて、それを生きるならば、生きることを通して分かるようになるのである。

同時に、あるがままを生きるということは、苦労して全ての力でもって自分を使って、自らの力・可能性が生きるようにするということでもある。坐禅においては、身も心も針の穴（マタ一九・二四、マコ一〇・二五、ルカ一八・二五）を通らなければならない。自分をあるがままにすることは、自分を無にするということである。ともかく、ともかく、自分に粘らないで、自分を崩して、頑さをやめて、苦労して、苦労して、痛くてもいい。もう耐えられないけれども、それもしょうがない。それでも何とか、その都度、その都度、今、今やる。

現実に耐えるということは、存在に耐えるということである。存在に耐えるということを通して、苦しみながら、存在が自分の存在になっていく。存在が自分を通して生きてくれれば、私は解放されて、もはや痛みも緊張もなくなる。

そのままになるとは、原点に戻るということである。持っている能力や知識、できあがった自分ではなく、自分の一番小さいところに戻る。生まれたばかり、あるいは生まれていないままになる。ニコデモが「年をとった者が、どうして生まれることができましょう。もう一度母親の胎内に入って生まれることができるでしょうか」（ヨハ三・四）とたずねるのに対して、イエスは、そうしなければあなたは神の国に入ることができず、見える者にならない、と答える。

原点に戻るということは、自分がいくらでも小さくなってよいということである。自分自身だけに尽きる、しかしその自分というものを自分は知らない。ただ原点があるだけだ。その原点が、起源であると同時に終着・到着点になればよい。私たちの自己意識も同様である。私が私を意識しているのであるから、私は原点であると共に、到着点でもある。より根源的にそこからなっているところ、それに向かって「なる」。自分を通って、自分の真ん中に戻って、自分をゼロ点に向かって、還元して、「なる」のである。

人間になるということは、自分自身から自分を通って、自分自身に戻る。通常私たちはこの自己意識の循環によって、私は私だというアイデンティティを得る。しかも多くの場合、外界を経由して、例えばこの喜ばしいもの、おいしいものを通して、あるいは人の目を通して、人の親切を通して、私は私となる。しかしながら、今坐るときには、そのような一切を無しにして、無さを通して、無さの中に、自分が自分であって、自分に戻る。自分が何もないようになるということによって、自分がなる。私には、色のついていない形でのアイデンティティがある。これがすなわち精神である。精神とは本来の色のない白紙である。しかもこの精神は、実行的なアイデンティティなのであって、精神において遂行するところにこそ、私たちの本来の自由があるのである。

自らの中心を持つということ、一つだけに尽きることが人間には大切である。ただし、この中心とは、エゴという思い込んだ中心とは異なっている。エゴを滅することによって、中心へと戻っていく。通常ものと関わる場合には、摑む私と摑む対象との間に一定の距離がある。しかし、中心的に坐るときには、遠さと共に近さもある。遠さとは、真の中心をどこまでも把握できない、ということだが、しかし、その遠さは、距離として意識するというよりも、限界のなさという形で現れる。近さとは、肌に触れるくらいの近さである。坐るときには、丁寧な呼吸を通して、中心があたかも自分のすぐ前にあるかのように感じる。そこでは、あまりの近さのために、自分が見えなくなる。ただしこの近さは、摑めるというような意味での近い距離のことではない。

坐るときには、向こうの中心に自分の我が反映しているはずはない。同時に、この中心との関係が自分にとっては、非常に自然で親しいものとなっている。思い込みによって対象的に把握するのではなく、ただここにある、共にある。そのためには、力強く坐り込むと共に、ごく静かになって、力を抜いて丁寧にやることが大事である。自分が摑めないところに所属する、そのような形でつながる。摑めないからといって、遠いわけではなく、これほどにも近くにある。自分が力でもって実現することができない、そういう静かな関係の中にいさせていただき、その中で新たになるということが大切なのである

空から色へ

反対に空が即是色となる場合であるが、何らかの課題に対して、根源的なところから実現できるという可能性が挙げられる。例えば足が痛くてどうしようもないときに、自分の気持ちに打ち克って、やはりもう一度坐り込もうとする。これは、中心から具体的に実現する力である。具体的な必要性が生じた場合、自分の中に眠っていた根源的な力によって、自分の力ではついてこられないようなところについていってもらうようになる。坐ることを通して、ただ自分の思いの世界の中に生きるのではなくて、今日どうやるべきか、重点をつかんで実現する、その実力が出てくる。

坐禅の大変ありがたい一つの結果は、自分がやろうと思えばできるようになる、ということにある。すなわち、やろうと思うということと実行することとの間のギャップが小さくなる。

普段誰しも良い意図は持っていても、実際にやるまでには、はなはだ大きな距離がある。実行するためには今どうすべきか、何を考え、何を先にすべきか。坐ることの中で、可能性が実際に萌芽してくる。つまり私たちが坐るときには、外からの影響ではなくて、根源から能力化される。自らの賛成を通して、可能性を今受け取り、その可能性を通して生きる。そうして、自分を具体化して、自分自身を行為へと投入する。これが坐禅を通して可能になるのである。

よく坐った後では、普通避けがちなこと、あまりしたくないことでも、やはり無視するわけにはいかない、と実行する力が得られる。これはすなわち、自分の意志をその課題に服従させることとも言える。今ともかくまっすぐに坐るべきだということが分かれば、痛いだろうけれども、ともかく自分の意志をその課題の中へと無にする。そうすると、可能性が自分の意志を通して生きてくる。この課題・可能性が、自分よりも根源的で大きな規範となる。こうして、識別する力が得られる。単なる一般的な義務感によるのではなくて、今自分が何をどこまでやればいいのか識別できる。存在からの接触に合致したままで、具体的な自分の頭・体・時間を使うことができる。こうして、何とか何とか力がついてくるのである。

四　信仰における色と空

信仰生活は、一つの行為である。大事なものを大事にする。与えられた分を与えられたものとして受け取る。それを与えられた意味で、御旨のままに無防備に受け取る。そこでは、根源がやっていることが、自分を通して実現されてよい。これは確かにイエスの生き方に見られる態度である。「わたしは自分では何もできない。……わたしは自分の意志ではなく、わたしをお遣わしになった方の御心を行おうとする」(ヨ八五・三〇)。

私が行為するのは、もはや私によるのではない。私以前のゼロ点に戻って、身も心も預ける。神の下にとどまって、神の前に静かになる。まずは多少入り口で頑張って壁を超える必要があるかもしれないが、安心してその中にいられる。内的な静けさでもって神の下にいるということは、自分が新たにしていただいて、赦していただいて、洗っていただいて、力づけていただくということである。そこでは自分では努力できないような形で、自分と根源的な彼との関係の中で一つになることができるのである。

もう一点、相手にさせていただく、関わる、ということが重要である。父よ、と元のところに向かって呼びかけ、私の方へと呼びかけられる。普段あまり考察されないことであるが、この呼び声は、存在と同様に基本的なものだと言える。福音書には、初めに言葉があった（ヨハ一・一）、とある。言葉とは呼び声である。このように、自分がいるということの中には、自分に対する招き、呼び声がある。そしてこれを受け止めることが、私たちの人格性をなしている。人間は呼び声の中から生まれて、その呼び声に答える形で、安心して私となるのである。

「隠れたところにおられるあなたの父」（マタ六・六）とイエスは言っている。見えない、隠れているところに向かって祈るとは、つまりは反省や対象化を通さないということである。坐ることとは、静かに深く、心の奥底に近いところから祈れるようになるために、良い助けとなる。そこで私たちは耳を澄まして、従う。自分自身の全てでもって関わろうとする。向こうからの関わりの中に居させていただく。語りかけられたままにいる。自分が声をかけて話しかけてもよい、という関係性の中で自分を形成していただく。祈るときも坐るときも、自分をそのままで形成していただく。これを単なる経験で終わらせてはならない。心を尽くして求めつつ、自分自身が本気にその関係の中にいさせていただく、そのような祈りが可能になればよいのである。

坐るときには原点に戻る。その原点とは、光がレンズを通して結ぶ焦点のようなものである。そこに向かって自分自身の全てを尽くすような光の源、それは、信仰で言えば、キリストのいる場である。そこから自分の存在の全ての可能性・力がスムーズに出てくるような、そういう場が、あるのではないだろうか。

坐るときには、頑なな心が静かに温かくなって開かれる。冷たい石のような心が肉の心となる。どんなことでも、お辞儀ひとつでも、心が深く大切にする。そこでは神が自分の霊を私の心に置く（エゼ三六・二六―二七参照）。私たちが祈るときには、心の目・心の声を向けて祈るのであるが、実際はその焦点を通して祈っているのである。坐ることが、深く個人的に無我に祈ることとの可能性の始まりとなり得るのではないか、と考えられる。

今はこれらの言葉を全て脇に置いて、ただただ自分を尽くして、緊張なしに、そのままでいる。いさせていただく。そうすると、ものごとが最も明確になって、世界が、自分が変わるかもしれない。勇気をもって進んでいきましょう。

（二〇一〇年八月五日）

第一二章　信仰と坐禅

一　訓練の方法としての坐禅と祈り

信仰生活・霊的生活の中に坐禅を取り入れるにあたっては、坐禅と共に、自分の個人的で自由な心からの祈りもまた大切である。坐禅の場合に決まった方法があるように、祈りにもまた訓練の方法や場が必要であろう。黙想もその一つと言えるだろう。

坐禅においては、身体をもって繰り返したゆまず実行することで、段々に内的な形が形成されていく。単に身体の形のみならず、霊や精神・心がどのような方向に向かうべきなのか、その自分全体の形が導かれるようになる。これは単なる習慣によってできるのものではなく、その都度その都度心を目覚めさせて、新たな努力と決断をすることが大切なのである。もちろんしかし、準備段階としては習慣にも効用はあるだろう。例えば、音楽を聴く場合を考えてみよう。誰にでも耳はあるが、しかし音楽を深く聴くことのできる耳は、習慣と訓練とによって養わなければならないのである。

それでは、私たちが信者でありながら坐禅をする際に、どのような態度でもってやるべきだろうか。坐禅は、これという内容を持ってはいない。坐禅は、それ自体として何らかの教えの実現だというわけではない。坐禅はひとつの訓練、ひとつの生き方であって、特定の教えを前提としてはいない。

これは坐禅において考えないということともつながっている。考えないということは、禅仏教などを前提とすることはない、ということをも含んでいる。そういう意味で、坐禅は純粋な実践だとも考えられる。そしてその実践には、何らの否定性も入っていない。何かを否定したり排除したりすることはなく、考えないということさえも坐禅中には考えない。それゆえ、仏教徒ではない人が坐禅をするということには、何の問題もないはずである。

二　信仰

それでは、信仰の面から見た場合、私たちは坐るときにどうすべきか。基本的には、自分の全てでもって坐るのであるから、自分の信仰をもって坐るということにもなるはずであって、信仰を別にする必要はないだろう。ただし、信仰の本質とは、自分の考えのことではない。信じるということは、何らかのものごとを思い込んだり信じ込んだりすることではない。信仰とは、信仰する内容を知的に考察することではなく、信じたことは本当だということを信じる、ということである。私がそれについて考えるか考えないかにかかわらず、それが「ある」ということ、これが信仰である。つまり私が神のことを考えているゆえに神はある、というのは信仰ではない。ともかく神はいるのである。

信じることは単なる思いではなく、私たちの基本的なあり方そのものに含まれている。私たちは既に自分の存在において神に属している。洗礼において存在の根底から神に属し、堅信において心の全ての動きまでも聖霊に属し、そして聖体拝領において自分の心の中心であるキリストに一致し属している。これらはただ自分の思いによるのではなく、信仰そのものの中に事実として含まれている。それゆえ、私が今信仰について考えないからといって、信仰が消えることはない。むしろ、私たちが考えを止めるとき、神が私の中で全面的に働けるようになる。自分の考えでもって神の働きを止めないようにする。本当に全面的に自分を神に取り扱っていただく、これは坐禅の態度の中に含まれている。神は自由に限界なしに今、私の存在、私の思いの根底に触れて、その中に働きかけてくださるのである。

三　根源的開け

坐るときには、自分の真ん中に向かって穴を掘る。そして、呼吸が自分の表面にとどまることなく、自分の全体を生かすようになる。坐禅においては、自己が完結した固い自我にとどまらず、開かれていく。見性《けんしょう》とはこういうことである。単に外に向かって開かれるのではなく、自分の存在の真ん中を通して開かれる。これは人間のあり方における根本的な課題である。

私たちは誰もが自己意識を持ち、自分自身を知っている。そして、自分自身を知るということは自分の存在を知ること、自分が自分の存在の根底から自分のものであるということである。そして自分の存在の全てが自分の手に入っているということが、すなわち自由であるということなのである。

自分の存在の根底、人間としての根っこは、ただ自分の中にあるのではなくて、無限から始まり、無限へと向かう。すなわち、神自身が人間の存在の基となっており、そこから人間が自分になるのである。これは神が御自分にかたどって人間を創った（創一・二七）ことにも示されている。神が人間を創ったとき、「その鼻に命の息を吹き入れられた」（創二・七）。ここに、神との直接の接触が暗示されている。人間存在の根底には、直接に神が現存しているのである。トマス・アクィナス（一二二五頃―七四）は創造論においてこう言っている。「距離を通して何かを創るということは矛盾である。それゆえ、創る者は創られるものにおいて、無媒介的に、直接に現存している。神が距離を通して創造することは不可能である。こちらにある神があちらにある私たちを創ることはあり得ない。」〔『神学大全』第一部第八問第一項参照〕

だとすれば人間は無限に向かって、真理に向かって、善さに向かって、現実の存在に向かって開かれている。そしてそれは神へと向かう開けとなっているのである。私たちが普通善さや真理に向かうのは、世界を通してである。精神は感覚と結びついている限り、向こうの対象を求める。だが根本的には、精神は単に対象に向かうのみならず、私は私だ、という自分自身に戻る。精神は自分に戻ることで、自分の原点に、すなわち神からの起源に戻ろうとする憧れを抱いている。私が自分自身を知るのはあくまでも通過点であって、私は私を通して自分の存在の根源へと向かう。私たちは祈りにおいて「神の御顔を仰ぐ」（詩四二・三）ことを求めるのである。

精神が根源とつながることができるためには、まず予備段階が必要である。一つは精神の浄化と言われるものであって、感覚に対する執着を止めることである。第二の段階は、精神が自分自身と一致することである。これは、単に外的事物にとらわれないというだけではなく、自分の感情を基盤としないということでもある。心の中に敵対関係や無関心といった否定性があると、自己自身との統一が妨げられる。この自己との和解には、私の自由な道徳的努力が必要であって、人間として発展するためには重要な段階となっている。最後に、精神が根本的なものに触れて理解する段階に至る。そこでは精神は自己の内にいながら、自己を開き、超え出、自己を突破しようとする。自分自身の中にいながら、自分を開いて、肯定する。信仰・希望・愛の中においてこそこのようなことが可能になる。こうして人間は、自分の存在の全てでもってあなたを求め、全てでもって人を大切にするようになるのである。

四　自己を超え出て成長する

精神の運動は円環的だと言ってもいいだろう。まずは自分が自分自身と一致し、自己を把握する、これは、坐禅のごく単純な円環である。自己を理解し、それを通して精神が浄められる。これは小さいスケールでの円環であるが、それを通してより大きい円環——すなわち自己の原点たる起源へと向かうことができる。起源に向かって、神に向かって、首を長くして求めること、すなわち自分を超え出ること、これはとりもなおさず信じること、捧げることと、祈ることの大きな円環なのである。

自己を超え出ることとは、決して、自分を失った疎外状態を意味するのではない。むしろそこでこそ人間は自分自身になる。自分の真ん中を通して自分の起源に向かい、そこで人間は内的に成長する。人間はより深く善いこと、本当のことを認めれば認めるほど、より深く喜びに向かって人間的に成長するのである。

イエス自身が言っているように、善いものは一つしかない。金持ちの青年に向かって言う、その善いものとは神をさしている（マコ一〇・一八）。善いことに向かうことは、根本的に、神に向かうことである。真理・善さへと外に向かって成長する、それは神に向かって伸びてゆくことである。これは単に何らかの対象に対してイメージ・概念を通して向かうのではなく、直接に自分の真ん中を通して実現される。私たちは深く静かになって、善いものに触れる。善いものに対して自分を開く。善いものが自分の中で働くことを受け入れる。そうして、私たちは善いことに向かって人間的に成長するのである。

黙想は本来何かを考えることを通して行うものではあるが、その黙想においても、思考にとどまらずに、考えの以前にある根本的現実に向かって自らを開き、神自身に働いていただくべきである。まして坐禅においては、考えることはしない。このようなことを私たちが、単に自分の力だけでできるはずがない。神が恵みを通して私たちの内に働くからこそ、私たちは何も考えることをせずに、向こうからの恵みによって、神に向かっていくことができるのである。そうしてみれば、まさに恵みの内にいる人こそ、考えに執着しないで、深く自分の真ん中を通して、神との関係に入ることができるはずだ、ということになる。もちろん恩寵が信者にだけ与えられているわけではないにせよ、私たち信者にとっては、こういうことが確かに可能になっているはずなのである。

聖書やキリスト教の伝統の中にも、こういう可能性は現れている。エックハルトは、魂の中心は小さな火花のようなものだと言っている。あるいはこれは、魂の先端・頂点だとも言える。魂――心の最も深い中心的なところ――、そこで人間が神に触れる、むしろ神が私たちに触れる。彼はそれを、「魂の中には創造されていない永遠なるものがある」〔ドイツ語説教一〇番、二〇番b、四八番〕という、少々極端な言い方で表している。もちろん私たちは全面的に創造された者なのではあるが、しかし彼が言いたいのは、魂の根底は、自分自身を超えようとして、自分自身の原点に向かって首を長くする。そしてその先端は、直接に神に触れる、ということなのである。つまり魂はただ自分の中に閉鎖して完結しているのではなくて、神を求めるものなのであり、それゆえ魂の先端は神の永遠の存在に触れ、そして本当の幸福に至る。普通私たちは非常に表面的に考えたり感じたりしかしていないが、このように心の根底までに透明に清くなるならば、そこでは神の近さが人間に直接現存するのである。

　トマス・アクィナスもまた、神は人間の魂の最も内的なところに直接に、神の全ての存在（本質）・力（能力）・導き（現前・摂理）でもって現存している、と言っている〔『神学大全』第一部第八問第三項〕。あるいは私たちは聖霊を与えられている。その聖霊は私たちの理解の内に働いており、私たちの存在、私たち自身を聖なるものにしてくださる。すなわち理解と意志の内にある以前に、より根本的に、私たちの存在の根っこに現存してくださる。精神がそこまで戻り、そこを通して自分を開くことができるならば、自分を神に向かって開き、開かれることがあり得るのではないだろうか。

五　神の子であること

イエスは、彼が神の子であるように、私たちもまたイエスの神の子であることに与るように、と招いている。パウロも、私たちはキリストと同じように、父よ、と聖霊にもとづいて祈るようになると言っている（ロマ八・一四―一六、ガラ四・六）。父よ、と言えるということは、私たちが神から生まれたということである。それゆえ、キリストは神から動かされており、私たちはキリストを通して、その中で直接神から動かされる。恵みによってこのようなことが可能になるのである。イエスはこれを神の国と呼ぶ。神の国はあなた方の真ん中にある。これが信仰の中心をなしているのである。イエスはニコデモに対して「だれでも水と霊とによって生まれなければ、神の国に入ることはできない」（ヨハ三・五）と言っている。すなわち、単に創られるだけではなく、神の霊から生まれ、そこから生かされる。そこで神の国を観て、神の国に入るのである。

このようにして私たちの存在が神に向かって透明になるために、キリスト教思想の伝統は、浄化・照明・超越の三つの段階を区別する。この三段階を解釈するにあたって、モーセのシナイ山登攀（出一九）の例が挙げられる。浄化と照明の段階を経て山頂に至ったモーセは、黒い雲の中に入ってそこで神に出会う。そこでは光が見えないのだが、しかし何も見えない所でモーセは、神と顔と顔をあわせ、そして十戒を授けられた、とある。本当のものと暗闇の中で顔を合わせて、そこから自分がどうすべきか、掟・課題を授けられる。そうして、彼の顔は輝くようになる。何も見えない中で、精神がもはや自分自身を忘れ、そうして人間が自分自身を超え出ることができるようになる。

この自己超越について、イエスはあるところで話している（ヨハ一〇・三三―三六）。ユダヤ人たちが、イエスは自分自身を神の子、神と等しい者にしてしまっている、と批判するのに対して、イエスは少々不思議な答えを返している。「あなたたちの律法に、『あなたたちは神々である』と書いてあるではないか。そして、聖書が廃れることはありえない」。これは、詩編で審判者たちについて言われている、「あなたたちは神々なのか」（詩八二・六）というごく小さな箇所を、イエスが少々大きく取り上げているものである。神が自分の言葉を授けている者たちが神々と言われているのならば、私は神の子だと言ってどうして悪いのか。ここでイエスは、「神の言葉を受けた人たち」と補っている。この言葉とは、単なる音声的な言葉や概念としての言葉ではなく、神の接触である。人間は単に自分自身の力によるのではなく、神が触れてくれて、言葉を授けてくれることで、神々・神の子、すなわち神から生かされる者となる。

これは信仰とつながっているのではないだろうか。神によって生きるということは、神の恵みによるのであるが、これが人間の本来的な、そして最高のあり方だとイエスは考えている。そして、それを私たちにも与えようと意図しているのである。

坐るときには、このような大きな関係の中で坐っているのだ、ということを理解しておくとよいだろう。限界なしに神が私を通して生き、私たちを動かしてくださる。私たちは限界なしに神の中に根を下ろし、深まってよい。すなわち、自分の心・精神は完結したものではなくて、そのような生きたつながりの中にあって、無限から出て、無限に向かって開かれている。これが人間の基本的なあり方である。それゆえ人間は、自分自身によらないような真理、自分自身によらないような善さを知っているのである。

六　言葉による祈りと言葉によらない祈り

それでは私たち、とくに信者にとって、坐禅をすることはなぜ有益なのだろうか。私たちにとって、言葉を受け入れることは大事である。種となる言葉は私を膨らませ、生かしてくれる。語りかけられた人間の精神は、具体的な言葉を通して発展していく。神が根本的な関わりにおいて私たちの内に実現しようとしておられる恵みを、具体的な言葉――聖書の言葉――を通して私たちは受け入れることができるようになる。恵みと言葉は絡み合って一つとなる。私たちは恵みにおいて、そして言葉による理解において育っていく。坐禅と並んで、自らの内で種となるようにゆっくりと聖書を読む。そして、自分の理解を尽くして、心を尽くして、自分の自由でもって直接に神に向かって祈る。

自らの理解と自由を通して働くことは根本的に重要なことではあるが、しかし坐禅の場合には、直接に理解そのものを生かしたり、意志でもって愛したりということはしない。ただ任されたままに、根本的に尽くすのみである。祈りとは単に外に向かうのではなくて、心でもって自分の存在の全てを受け入れることである。そこには聖霊が関わっている（ロマ八・二六―二七）。祈りとは直接に、全てをもって向かうことであり、坐禅はある意味、自分の根底をもって祈ることだとも言えよう。このように祈ることと、自分の根底を通して神に戻ることとは、二つの異なった道である。しかしその目標においては一致している。祈りにおいては、心でもって、意志でもって、自由をもって、自分の全てを尽くす。そこでより直接に神自身と触れることもありえる。それゆえ、坐ることを通して祈りが深まるというのも確かなことであろう。あるいは坐ることを通して、祈りの中に落ち着いて、長く、静かにとどまることができるようになる。言葉によらずして、心の深みでもって、祈ることができるようになる。心の先端、心の根底で、今あなたを求める。その、あなた、という言葉をここで私たちはまた返す。言葉によって生まれて、そして言葉を返すということ、これが信仰である。信仰とは受け入れた言葉を神に返し、言葉に導かれて直接に神に触れることである。

祈りと坐禅を同時にやることは避けるべきであろう。ただ、非常に深く静かになったときには、そこで今根本的なところが祈っているのだ、ということが分かるようになることもある。あるいは坐禅が終わった後で、今、何か大事な良いことがあったということが何となく分かることもある。もっとも、直接に祈ることも非常に重大ではあるが、それは坐禅とは別にやるべきである。坐禅を祈りの代わりにするのではなく、坐禅も祈りも両方やる。そうすると、相互に利益がある。坐禅を通して祈りが深まるし、祈りは坐禅にとってもためになる。祈りによって心の先端を磨くことが、坐禅に根を植え付けることにもなり得る。

坐禅会や接心の折には、坐るときにはただ坐る。しかし寝る前や昼食の後などの自分の時間に、少し祈るのは大変ためになる。また普通の生活の中で、例えば朝、四〇分でなくともしばらく坐って、その上で祈るのも、祈りにとってとても大事な原動力となり得る。ここにおられる方々はおそらく信者であろうから、一応そういうことを一度だけでも考えてみてもいいのではないだろうか。その上で、今はまたそういうことを忘れて、全くほっとして、ただ全てでもって、あれこれの雑念や考えを相手にしないで、任されたままになろう。

坐禅において起こる結果は、はっきりと反省できるほどには現れてはこないかもしれない。だが、坐禅の後になって、少しその響きを感じることもあるだろう。その響きを感じてもよいが、しかしこだわる必要はない。ともかく、ただ今坐るならば、心が新たになって、透明になって、力が出てくる。だがしかし、意識上に浮かんだこういう結果は、坐禅の中心ではない。自分の中心の中には、意識に現れるよりも大きいこと、より深いことが行われている。それゆえ、効果を十分に感じとれなくても、全く問題はない。坐禅とは、単に気持よくなるためのものではない。今は私だけのための時間ではなくて、本当のもののための時間である。そこで私はともかく尽くす。尽くしていただいて尽くす。これはもはや自分の思いや反省的意識を超えたものなのである。

（二〇一〇年四月二四日）

第Ⅳ部　小さくなる

第一三章　無所有

一　白紙

坐るときには、あれこれ考えたりせず、何もない白紙の状態でいなければならない。自分に中身を詰め込んでおかなければ落ち着かないというような焦燥を排して、何もなくてもこれだけで十分だ、という白紙のままでいなければならない。そして、この白紙の状態の中に坐っていること、これが全面的に良いことである、と肯定しなければならない。

これは人生の態度とも深くつながっている。私たちは何かを持っていることによって自分自身を生かすことはできない。「空の鳥を見なさい」（マタ六・二六）とあるように、倉に入れることもなくその都度元気に養われて、無所有のままで生きる。もちろん、良いものを喜びをもって使用すること自体は否定すべきではないが、しかし、いざとなると、そのようなものはあってもなくてもかまわない。聖書にも「世の事にかかわっている人は、かかわりのない人のようにすべきです」（一コリ七・三一）とある。

このようにして私たちは真に「見る」ようになる。もちろん、実際に肉眼で何かを見るのではなく、形も何も見えないままで、しかし全面的に自覚する。この自覚とは、ともかく唯一のところがここに現存していて、自分は今それに触れさせていただくのだ、という開かれた意識、目覚めた意識のことである。それは、意識的に何かに執着しつかみ取るのではない。何もなさから精神が自分自身をつかむのである。そして、この「何もなさ」からこそ、今目前の問題にいかにして取り組むべきか、という決断性が出てくる。単にぼんやりと過ごすのではない行動と、全てが消えた根本との往還、これが人間の本来のあり方なのである。

二　根源に至る三つの段階

プロティノス（二〇五頃―二七〇頃）は、存在の三段階の働き方を区別している〔『エネアデス』「三つの原理的なもの」」。第一は「滞留」、すなわち、存在は存在として自分自身の内にあってとどまる。この存在を超越的一者としての神と呼ぶこともできるだろう。第二の段階は「発出」である。存在は溢れ出だして、世界の具体性へと流出する。私たちの知性・精神は世界の中で識別し遂行する。そしてそこからさらに第三段階の「還帰」が生じ、私たちは「一」へと向けて還る。存在は同時にとどまりながら戻るのである。

私たちは世界内において具体的な人間関係の中で様々な仕事に取り組むが、しかし常に何もなしに我に戻ってくる。これは一日においても同様である。朝早く原点に戻って坐り、自分の決めた時間にとどまる。そしてそこから勇気をもって自分を動かして一日に入っていく。夕方にはまた「何もない」という原点に戻る。自らがとどまっているところとの接触の内に、主との関係が入ってくるのである。坐ることとは、日常生活の一部をなすと共に、信仰生活・霊的生活の一部ともなり得る。それゆえ、信仰と坐禅は全く異質なものではない。坐るということは、自分を見出すと共に、現実を見出すことであり、それゆえに主とつながることでもあるのである。

もっとも、坐禅と祈りを混合すべきではない。ときには自由に祈ってもよいが、しかし、坐るときには全ての対象意識を排して全面的に没入し、本当のものに養われて、受け入れる者となる。自分が、何かある心理状態に入れなければ満足できない、ということに気が付いた場合、その気持ちを満たすのではなく、気持ちを満たしたいという欲望そのものを雑念として排除する。自ら何か対象を追求するのではなく、本当のことはそれ自体として働いてくれているのである。坐禅においては、精神の統一・一致が目指される。そこでは、何かが欠けているということも考えてはならない。欠如を意識するのは、私が一致していないからである。精神は存在の場である。つまり、存在の全体性が精神の中にはある。

それゆえ、私たちが坐るときには、そこには何も欠如はない。自らが自己の外へ出てあれこれと努力することは、それなりに充実しているかもしれないが、精神の根本的な一致と比べれば派生的なことにすぎないのである。

ニュッサのグレゴリオス（三三五頃―三九五頃）は、モーセのシナイ山登攀（出一九）を象徴的に解釈して、内的な三段階の道を示している（『モーセの生涯』）。第一は山麓の段階である。そこではあれこれの情念や時空間の感覚にとらわれている。このような表面における焦りや不統一を、まずは浄化しなければならない。第二の段階では、モーセが山に登ると、きれいな音が聞こえたり風景が見えたりする。ここでは充実した知性の段階に入る。精神それ自体の内に深い洞察と豊かさが内包されている。しかし、登攀はここで終わるものではない。山の頂き近くには黒い雲がある。雲の中では、何も見えず、何もつかめないかもしれない。しかし、モーセはそこに四〇日とどまって、イスラエルに十戒を持ち帰る。キリスト教の伝統には、「神に耐える」という言葉がある。任されたままで耐えて、そこに「いる」。そこで精神が貫かれ、清められ、高められるのである。

第一の段階は身体や情念の執着・混沌からの浄化である。第二の段階は知性・精神の照明である。そして最後に第三の、卓越・超越の段階に至る。そこはもはや知性的把握が達することのない場である。精神自身の働きを超えて、本物との直接的な関係が開かれる。そこでは、神はモーセに対してされたように、私たちにも友人に対するかのように語られる。もはや神との間には異質性も外部性もない一致に達し、私たちはそこから生きるようになるのである。

根源的なところとは、一なるところである。これもあれもと分裂した迷いを排して、中心に向かって深め、統一する。根源的なところはただ一つ、全てはそれに尽きる、全てはそこから出てくる。これが精神そのものの基本的なあり方なのである。精神は常に一なることを通して理解し、問題を解決する。伝統的に「智慧」と呼ばれているものは、様々な原因を通して考えるよりも、最終的に根源的なところを通して理解することを意味している。そこで全体が見え、ものごとを根源から理解するようになる。私たちは、他者についても自分自身についても、概念以前のところから照らされ動かされ、貫かれて、深みから理解することができるようになるのである。

三　柔和

もっとも、自分自身との一致のためには、怠惰にならずに、常に自分自身をつかみなおす必要がある。しかしそこで、自分が何かを所有している、自分は自分自身を支配できている、というように表面的に誤解してはならない。一致とは所有ではない。所有においては、所有者としての自分の意志が先在している。この所有を自分の人生の基盤にすべきではない。もちろん、多くの知識やお金を持つことは必要ではあるが、しかしそれらは基本的にはあってもなくても同じである。さらに言えば、所有とは、誰かに対して、人に対して、神に対して、権利を主張することである。私を自分の意志や健康・名誉の持ち主とすることである。しかしながら、たとえ持っていても、持っていないかのように持たなければならないのである。

執着なしに生きることは、禅の根本的な道である。執着なしということは、焦りも不安も自己主張もなく、単純になるということである。聖書ではそれを柔和と呼ぶ。イエスは、「わたしは柔和で謙遜な者」(マタ一一・二九)だと言っている。柔和な人は、何にも執着せずに譲ることができる。そして、そのような人は真に「持つ」者となる。「柔和な人々は……地を受け継ぐ」(マタ五・五)。地とは、自分にとって望ましい、必要な良いもののことである。そこには、単なる自分の執着ではなく、これを持ってよい、という肯定が含まれている。世界の全てはあなたがたのものだ、とある。「一切はあなたがたのもの、あなたがたはキリストのもの、キリストは神のものなのです」(一コリ三・二二―二三)。全てはあなたがたのものなのであるから、何かを恐れたりする必要はない。しかし、あなたがたは自分のものであるよりも、より先の根源的な彼のものなのであるから、神との関係の内に入ってキリストの隣人とならなければならない。自分の全ては神のものであり、そしてそれが私にも与えられているのである。

このような態度に近づくことは、同時に開かれた意識を持つことに結びつく。開かれた意識は、混沌としたものを自らに迎え入れて、よく識別しつつ、関心を持って学ぶことができる。このように多様なものに対して開かれつつ、しかし、あくまでも根源の道こそが全てに勝っている。根源の道とは、あれこれの総合や和・合成物ではない。一なるところは、あらゆる多様性に先立っている。これは人間の心、精神の特徴でもある。根源から生きるということは、自分自身を軽蔑することも、反対に主張することもなく、私は私だ、という自己を大切にしながら、喜びをもって生きるということなのである。

四　私が根源を通して生き、根源が私を通して生きる

根源的なところを通して生きることは、キリスト教の中心的な神秘だと言えよう。根源のところに「向かって」生きる、ということは、他の宗教においても求めるところではある。しかしながら、より重要なことは、根源のところを「通して」生きる、根源に「向けら

れて」いる、それを出発点にして、そこ「から」動かされることである。それに照らされて、そこから答えが出て、それが導いてくれる。内的なつながりの中に生きる。これが、坐ることを通して得られることである。それゆえ坐るときには、自分が「する」と同時に「させていただく」のである。「する」という実践は愛と呼ぶこともできるだろう。愛はたとえ自分自身を失っても、本当のところが自分を通して実現されるならば、何ら惜しむことも欠けていることもない。自分を尽くして、自分を使っていただいて、そして本物が充実していれば、それが自分が深い段階に入ったことを意味するのである。

全ては一なるところから出てきて、そこへと戻る。このことは、一つには、私たちが全てを神に捧げてその関係の中に生きることを示している。「すべてのものは、神から出て、神によって保たれ、神に向かっているのです」（ロマ一一・三六）。しかし、もう一つの言葉にも注目してみよう。「すべてのものの父である神は……すべてのものを通して働き、すべてのものの内におられます」（エフェ四・六）。全てを通して神は何をするのだろうか？　通常「働く」と訳されているが、これは原文には書かれていない。全てを通してということは、すなわち、神が私たちを通して世界に触れるのである。神が私たちを通して、自分の命を与えると共に実行する。もちろん私たちがいなくとも、確かに神は全面的にそのままではあろう。しかし、神はその私たちを通して、全てを通して生きる。苦しみを通して、喜びを通して、創造することを通して生きる。神が自分の全てでもって、無防備のままで生きる。そこで神は傷つくことも無関心であることもなく、全てを受け入れながら、全てを生かす。

私たちは例えば自然を見てその美しさに気づいたり、人に対しても、「ああ、この人は本当に、彼自身は知らないかもしれないけれど、よくできているなあ」と、本物がそれを通して生きていることに気づくことがある。全てにおいて主を満たし、共にいる、それを通して生きる、そこから出てくる、それに尽きる。そして、本当のものとの接触のうちに生きる。これがキリスト教の基本的な次元である。このような実感が坐禅を通して可能になる。しっかりと坐ると、現実の存在感に触れるようになる。ものごとを真にとらえる、自分自身をとらえる、大きな問題を大きな問題としてとらえるようになる。現実とは、単なる自分の思いではない。何が本当のものであり、何が大事なのか、あるいは何が単なる外面にすぎないものなのかを識別し、それでもって生きる。ものを中心において受け入れ、受け止めながら生きる。これは、半ば無意識的な茫洋とした状態にとどまるのではなく、本気になって深く考え、深く感じるあり方である。本当のものは全てを通して関わり、今共にある。この本当のものとの接触の内にとどまることによって、ものとの、そして人との深い共感が可能になるのである。

毎日少しずつ、自分の決めた時間で坐ると、いくばくかの努力は必要ではあるが、やがて坐禅が好きになる。そして、善いことが好きになる。新しくされた心が霊に満たされると、神の望まれることを喜んで行うようになる。根源的なところから導かれて生きるようになると、常に識別しながら、しかし、我《が》を抜きにして、イエスの言う謙遜で柔和な者となることができる。こうして、私たちは最も善い者となり得るのである。

（二〇一三年四月一四日）

第一四章　自己転換
——何かを得ることと手を放すこと——

一　内的な深い統一を能動的に探し求める

四日目になった。私たちはまだ途上にあって到着点が見えるはずもないが、単純な態度で深く通すということが今課題となっている。中にとどまったままで、自分自身の内的な道、内的な方向づけがどこにあるのか、どこにあるべきなのかを見極めようとすべきである。既に四日目になって少々進歩した今、単に足の痛みに耐えて何とかスケジュールについて行くというだけではなく、もう少し根本的に、自分の内的な意志でもって能動的に取り組むようにしなければならない。少しは余裕もできているかもしれないが、しかしここで緩めて意識を散らすようでは、今までの苦しみが無駄になってしまう。坐るということを積極的に自分の課題として、内的な深い統一を能動的に求めるべきである。自分にとって邪魔になるような考えに手を貸さず、よくよくまとまったまま、常に自分の意識と自分の存在とがつながって、そこから一切離れないように気をつけなければならない。

例えば食事の際にも、もちろん喜んで味わいつつ、しかしそれにとらわれて自分が自分から引っ張り出されてしまうのではなく、自分との接触、自分との内的な一致を常に新たにしなければならない。給仕や皿洗いなどの様々な奉仕も坐禅の一部分であって、当然やるべきことではある。ただし、時間が来ればその都度今だけに尽きて、今ということだけの中に、自分の全ての力を尽くせばよいのであって、後のことを考えたりしてはならない。

最も大事なのは、考えにとらわれずに、少しずつまとまって静かになることである。ほっとして、落ち着いて、もう少し本気に、深く理解したい、つながりたい、新たになりたい。これが今日の課題である。

二　定力《じょうりき》と知恵

坐禅においては、ただやるというだけではなく、坐ることを通して得たことを、自分のものにする、自分の中に組み入れることができる。坐禅の根本には何があるのか、それを真に自分の身につける、自分のものにするためにはどのようにすればよいのか、ここで信仰理解が参考になる。

坐禅においては、直接に何かが現れて見えてくるということはまずない。坐禅の全ては、やることの内に、遂行そのものの内にある。それゆえに、理解する自分がここにいて、自分が理解したものがあそこにある、というような構図にはならない。あたかも指で指し示すように、理解の対象を指摘するということは起こらなくてもよい。暗い光というか具体的な光が出てくるということもあっていいが、しかしそれは根本的に重要ではない。

むしろ見えてくるのは、坐禅の深みの中にある力が活性化して、私たちがその根源的な偉大さに「なる」という可能性である。自分の狭さから解放されて、自分が思ったよりも大きいところ、そこでは自分がむしろ小さくなるほかないような、そのようなところがあるのだ、ということが分かる。そして現実の力強さ、真実さ、実在性に対する現実感が深まる。偉大な現実の可能性に遠くからでも気付くとき、しかし、圧倒されたり、不安が起こったりすることはない。なぜならば、偉大さは同時に近さでもあるからだ。大きいところとは決して遠くにあるのではなく、異質的でも対立的でもない。それは私たちを受け入れて包んでくれる。私たちはその中にいさせていただくことができる。近さは尊敬に満ちた近親感を生じ、自分からはそれをとらえることはできなくとも、私たちはそこで正直になることができる。近さの内に自己防衛が消えるのである。

これは、イエスとの関係に通ずる。よく祈っている人には、坐ることを通して、非常に生き生きと主と繋がることができるような内的な道が開かれることが確かにある。パウロは、私があなた方に伝えたのは十字架のイエスの話だ、と言う。十字架のイエスは神の力、神の知恵である。私が話したのは単なる言葉ではなく、力と知恵の入った、そのような言葉なのだ、と言っている（一コリ一・一八―二・五）。

これは坐禅にもつながる。坐禅で得られるのは定力と知恵だとよく言われている。非常に魅力的なものとして内的な力強さと知恵・理解が提示され、それを目指して努力するように指導される。確かに、坐禅から何かが得られるということは、悪いことではない。しかし、それは単なる途上における中間報告のようなものであろう。ある程度まで坐禅をしてそこで得られた結果を述べたとしても、その段階では未だ相当の限界がある。自分が何かを得るという程度の話は、未だ坐禅の中心ではない。つまり坐禅とは自分が何かを得るためのものではないのである。なぜならば、自分が何かを得るためであれば、自分というものが、相変わらず要となっているからである。

三　自己無化

手放すこと

むしろ最も重要なのは、坐禅においては自分が小さくなって、もはやあれこれを持たなくなるという点にある。いかなるものも、自分自身さえも持たなくなる。自分自身が消えていく。これが坐禅の本質的な要なのである。それゆえ、足の痛みも、単なる足の問題にはとどまらない。自分の中に固いところがあるのは、自分が自分自身に執着していることを示している。これまであまりにも当然に自分の所有物と考えていたものが、消えていかなければならない。もはや自分が自分の真ん中で崩れ去るとさえ言えるだろう。古い自分は死ぬべきだ、とパウロは言っている（ロマ六・六、エフェ四・二二―二三、コロ三・九―一〇）。古い自分とは、すなわち我儘、我《が》である。禅では小我という、これは私たちが普通意識している、その自分のことである。それが徹底的に消えて砕かれなければならない。詩編には「神の求めるいけにえは打ち砕かれた霊」とある（詩五一・一九）。

砕かれた心になることは、坐禅を通して起こりうるのではあるが、しかし私が自分で実行するというようなものではない。だが徐々に自然に、自分の価値のなさ、良くなさが分かって、そのことを深く悲しむようになる。私たちの中の正しくないところ、あるいはむしろ正しいか否かはともかくとして、我《が》が消えることが、根本的に重要なのである。消えることは良いこと、プラスになることである。消えることの価値が内的に分かるようになる、そこから自己転換が可能になる。すなわち自分を守るのではなく、消えるという方向へと積極的に方向転換が行われていく。坐禅の場合は「無私」、私でないようなものになる、と言われる。

これは私が別のものになるという意味ではなく、私の我《が》というものから清められるということである。「無心」とも言うが、精神や心が自分自身から清められるということ、これが、一つの非常に大きな課題なのである。

イエスは、自分自身について「子は……自分からは何事もできない」と言う（ヨハ五・一九）。同じことをすぐ後でもう一度、「わたしは自分では何もできない」（ヨハ五・三〇）と言っている。この「何もできない」者になることが、目標なのである。これは自然にそうなるようなことではない。初めは自分で何とかしようとして、しかし次第に「何もできないということ」、つまり本質的なこと、大事なことは何もできないということと一致するようになっていく。なぜならば、自分の存在自体がもともと自分のものではないからである。私たちにとって自分の存在、自分の能力、全てはただ与えられたものであって、自分がもともとその支配者、持ち主ではない。私は造られたものなのだから、自分からは何もない。

それゆえに、「耐える」――苦しみながらそこに連れ戻されて耐える、そういうふうになればよい。そこから自分の中に残っている様々な壁の残滓を砕くことができる。そして、根本的にこの方向が理解できれば、自己無化に自ら協力できるようになる。そしてそれは同時に、本質的なもの、根本的なものが、自分より大きいところとして自分より先にあるということを認めることなのである。旧約のイザヤでは、全ての民は彼の前には無に等しく、全ての島々や森といった大きなものも、彼の前には一滴の滴りにすぎない、と言われている(イザ四〇参照)。

小さくなる

そこで私たちは自分の人生がどれほど重大なものか、現実がどれほど本気に考えるべきものなのか、そのことに気付くようになる。そしてそこから、自分の内的な道として、進んで小さくなる。これは、「無になること」とは少々異なっている。自分の心を尽くして、そして小さくなることができるようになる。へりくだるのは、しかたなくそうするのではなく、あるいは損することがかえって得することになるからなのでもない。様々な小さな執着や主張を全てやめる。「子供のようになる」とイエスは言っている(マタ一八・三)。イエスの道は、おそらく私たちが普通考えているよりもはるかに中心的に、へりくだりの道ではないだろうか。私たちは「へりくだり」を何か苦しみとしてとらえがちであるが、しかしそれは自分の自然なあり方に反するようなものではない。むしろへりくだったときにこそ私たちの存在は最も透明になって、生き生きと水のようにきれいに流れはじめる。「へりくだり」は神のあり方だ、ということをイエスは理解しているのではないか。これは思いがけないことではあるが、最も偉大なものが進んで小さくなり得る、仕えるものとなり得る、これがイエス自身のあり方なのである（マコ九・三五、一〇・四三―四五、ルカ二二・二六）。復活の時もそこから逃れるのではなく、小さいものとして、自分を中心にしないもの、自分を主張しないものとして生きる、ここにこそ命があるのである。

これは、普通の意味で言う力や知恵という言葉からはなかなか考えられないことである。外から見たのでは、それは理解できない。外から見る場合必ず感覚が関与するのであるが、感覚は大きいものを大きいものとして空間的に把握する。そうすると、大きいものは他のものに勝ることになる。このようにものごとを対象化してとらえる感覚によるのではなく、空間や時間を考えずに、ただ純粋な中身そのものをとらえなければならない。これが坐禅を通して可能になる。純粋な中身とは、現実の本当の根本的なあり方である。それはただ誰彼があるということではなく、現実とは何か、というその本質のことである。私たちはこのような意味の中で、存在の中で生きているのである。

小さくなるということは、自分自身を尽くすということでもある。そして自分自身を尽くすとは、自分自身を実現しながらなおかつ自分自身を放っておくことである。自分が所持しながら、同時に人に対して手を開くことができる。手を放しても中身は逃げはしない。尽くすことは握りしめることに勝る。本当に自分自身を尽くすならば、与えることができるし、そして与えたものを失うことはない。むしろ自分が充実することになる。このようなことが、小さくなることを通して実現されるのである。

自分が「向こう」——これは与える相手でもあり、あるいは神自身でもあるだろうが——そのような向こうを通して生きるようになる。こちらで自分が何かを所持し、向こうは向こうでまた別、というような構図で考えるならば、自分が自身を守るならば向こうも他者もまた彼自身を守ることになるだろう。反対に私が自分自身を守るのではなく尽くすならば、他者はともかく神は必ず自分を開いてくれるだろう。そこではもはや何も欠けてはいないだろう。

四　自己無化によって得られる幸い

謙　遜

もちろん、へりくだるのは非常に難しいことである。子供のようになるとは、子供っぽくなるという意味ではない。非常に本気に自分自身に取り組まねばならない。そのためには、正しい道から離れないことが絶対的に重要である。決して自分の弱さと交渉することなく、正しいところに対して手を離さない。悪事については考えることさえしない。のみならず、より良いことを真剣に考え、自らの課題にしなければならない。もしかしたらそれはあまりやりたくない苦労であるかもしれないが、それでも心の中にそのより良いことのための場を開く、これがすなわち謙遜である。謙遜とは、より良いことが自分の思い・意志の中に入ってくることを肯定することなのである。そしてもう一つは、自分の名誉を放棄するということである。もちろん人に認められるのは嬉しく楽しいことではあるし、誤解されたり非難されたら、一般的には損害を被らないように反論すべきかもしれない。しかし内的には、それを素直に受け入れるところまでに小さくなることができたら、むしろこれは得であり、良いことなのである。

柔軟性

こうすることで、自分の存在は香りのように、香のように立ちのぼる。イエスを真に理解するならば、「自分を無にして、僕の身分になり……へりくだって、死に至るまで……従順」（フィリ二・七―八）であったという彼の態度がなるほど、とよく分かるだろう。イエスは自らを柔和で謙遜な者と言っている。そして、そのような私の軛を負って「ついてきなさい」と命じる（マタ一一・二九）。これが、要となるポイントである。坐禅においても、自分の勝手な思いを一切相手にせずに、忠実に呼吸と一致して「ついていく」。そうすると、勝手な望みが自分に対して支配的でなくなり、平らな心になる。すると、ある課題が与えられればそれを実行し、しかし反対の課題が与えられたならばそれにも対応することができる。真理に対して柔軟に自分を合わせることができるようになるのである。これを不偏心と呼ぶこともできるだろう。不偏心は、単なる意志によっては得られない。偏らない砕かれた心で謙遜になれば、こうもできる、ああもできる、と、自分を合わせることができるようになるのである。

合わせることができるということは、指導を受け入れやすくなるということでもある。人間関係において誰かが自分に対して主導権を持っている場合でも、あるいは神の意志に対してでも、正しいことに対して指導されやすくなる。反発を起こさずに素直について行き、その中に平安を見出してほっとする。こだわらずに寛大になり、少々負担となるようなことを頼まれても、進んで心を開き、時間を割くことができるようになる。自分の思いを人に合わせて、共感することができる。他者の心を通して感じ、自分とは異なる観点からも考えられるようになる。

そしてそういう自分が、根本的に傷つくことはもはやない。自分にとって対立的なものがなくなるからである。これは大変な利点である。対立が生じるのは、自分の中に何かがまだ溶けあっていないからである。ただしそれは、どうでもよい、ということではない。むしろ生きているなかで、自然なレベルにおいても、食事や天気などのごく小さなところからごく深いところまで、こだわりなく楽しい、喜ばしいと感じることができる。

喜び

このようにして私たちの存在は、おぼろげなところが消えて、きれいな水のように透明になる。そうすると、私たちは意識的・反省的にではなく、しかし自分を通して本当のものに触れて、それとつながることができるようになるのである。聖書ではそれを「神を観る」と言う。何か特定のものを見るのではなく、根本的に確実に、ただ心が分かるようになる。そして安定して静かに嬉しくなる。それをイエスは「幸い」と言っている（マタ五・八）。心が根本から養われ、心の中に善いものが映る。そこから、善いものを好むことができるようになる。善いものに対して普段私たちは批判的に考えがちである。もちろん、ものをゆっくり考えて批判する能力も大事ではあるが、しかしそれでは、善いものを殺す危険もあるだろう。そうではなくて、善いものを素直に喜んで認め、その善いものから自分の心を形成していただく。善いことを喜んでやり、善いことに対して自分の心を開き、善いことを好む、喜ぶ、愛する。それに自分の全てを尽くしたくなる。人に認められるか否か、そんなことは基本的な問題ではない、という、安定した内的な態度が可能になるのである。

坐ると心が少し素直になって、透明になって、広くなって、そして自分にとらわれなくなって、大きいところに対して開かれて、謙遜になって、良くなる。これは喜びである。坐禅を通して自然にこのような幸いが得られるのである。それは単なる自分の態度というよりももっと根本的で基本的な、現実のあり方そのものである。それは全てを自分の内に持っているあの方のあり方である。そういう意味で、イエスのあり方をはっきりと理解することができるようになる。イエスの特徴は、自分を尽くして無になり、謙遜・柔和になり、愛するものとなることにある。私たちはキリストの中で成長する（エフェ四・一三）と言われている。単にキリストがそこにいて、その彼を傍らで見るというのではなく、ある意味、宇宙ほども、存在ほども大きいキリストの、その背丈まで伸びることが課題だと言っているのである（エフェ三・一八―一九、四・一五―一六）。キリストとは雛形のようなものであり、キリストの背丈にまで伸びるということは、すなわち真理と、互いに対する愛の内に根付くという意味なのである。

もっとも、坐るときにはイエスのことを一切考えなくてよい。考えるとイメージを作ってしまうことになる。考えずに、ただ、実際に伸びる、実際に深まることが重要である。そしてむしろ後になってから、彼が共にいたことに気が付くのである。弟子たちが復活した主に会って、湖のそばでイエスと共に食事しているときに、不思議なことが起こっている。あなたは誰なのですか、と聞く勇気が誰にもなかった。それは、主だと分かっていたからである（ヨハ二一・一二）。これは少々矛盾してはいないだろうか？　主だと分かっているのであれば、尋ねようともしないはずだ。逆に尋ねたのであれば、あまりはっきりとは分からなかったということになる。つまり彼らは、はっきりとは分からないままで、しかも分かっていたのである。このようなあり方もまた、あるのだろう。

ともかく、今日一日、ただ自分の中の表面的な態度を打破して、自分の全てを尽くして坐るならば、何かが自分の中に生まれ、迸ってくるのではないか。ひたすら静かに任されたままで、落ち着いて、焦りなしに、しかし隙間もなく、徹底的に中に入って、尽くしていこう。

（二〇〇〇年八月五日）

第一五章 「種」の譬え

一 種

聖書においては、しばしば種がたとえ話のテーマになっている。この一粒の種は、私の自我を現している。私は何ものでもない、私とは何かは誰にも分からない、それはごく小さな一つの点のようなものにすぎない。しかし、その私というものには深い根がある。樹木はまっすぐに地中深く根をおろし、そして、自分を超えて上を目指して伸びていく。私たちもまた、自分の内なる固い土を貫いて、深い所を求めてそこに重点を置いて、そして深くなればなるほど、自分の全てでもって上へと上昇する。心がまっすぐになって、どこにもぶつからない、そういう実りを結ぶのである。

坐るときには、背骨が始まるよりもさらに深い所から背骨を立てる。自分を顧みないで、外へと気を散らさないで、全くまっすぐになる。まっすぐになるとはすなわち、中心は自分自身の内にあるのだ、ということである。背骨も頭も、全ては一本になる。深い所から真中へ、そして自分を超えた上に至るまで、全てはその同じ一本であり、同じ今に尽きる。それゆえ何か心に痛い所があっても相手にせずに、まっすぐ単純になって、何も持たないままで、頭だけで解決したりせずに、そこで自分と一致しながら自分を省みない。

二　土

種というものは、どのような内容が含まれているのか、どのような植物になるのか、見ただけでは分からない。私たちの自我も、どういう自分になっていくのか、全く分からない。だが、種を蒔くと、種が土と水に触れて、そこで種の中に命があることが明らかとなる。私たちもまた意識の中で、自分自身以前にある土、つまりは何もない所に触れて、つながる。ともかく重点を下げて、頭の中にも、背骨の中にさえもとどまらない。集中して意識をまっすぐに保つ。右・左も昨日・明日も関係ない。自分にとって辛いこと、まだ消化しきれていないところも何も無し。全部無し、無し。

何も持たない者となることは、人間のはじめだ。人間は何もないところから造られる。私たちの意識の中にある何もない所に全てを集中して預けておく。自分の頭や心の中にあるどんなものも、自分のものではない。そのようなものに手を付けない、思い巡らさない、心配しない。自分を超えた所を考えることもない。無し、無し、無し。自分自身に対しても手を放す。これは種を蒔くことである。福音にも「一粒の麦は、地に落ちて死ななければ、一粒のままである。だが、死ねば、多くの実を結ぶ」(ヨハ一二・二四)とある。

自分自身に対して手を放すとは、執着や望み、悩み、そして良い意図にさえもとらわれないということである。これらは単に頭の中で生じているにすぎない。そのままで、ただ中心に戻る。中心は常に思ったよりも深い自分の裏、自分の中、自分以前にある。本当のものに根付くということ、これが私たちの課題なのである。それゆえ集中することは自分自身を中心にするのではない。焦点を探し求める、起源を探る、それとつながろうとする。自分の中を通して自分以前のところに触れる。種が水に触れると、水が種を包む。そのように、自分の中で自分以前のところにつながる。

忠実にそこにとどまるならば、私たちの内的な発展が可能となる。種に内包されていたものが、芽生える。しかし、それは種の力なのか、それとも水の力なのだろうか？　ともかく外的な自分を放っておいて、深い所から自分になる。このような可能性が種の中に隠れているのである。聖書においては、「私の名」を呼ぶという場面がしばしばある。「あなたを造られた主は今、こう言われる……わたしはあなたの名を呼ぶ」（イザ四三・一）。名前そのものにはこれという内容はないのだが、しかし、名前が呼び出されると、種から命が生じ、穂が出てくる。

坐るときには、自己把握は単なる通過点にすぎない。むしろ、より深い命に根ざす。命が私自身を貫く。おいしい奇麗な水が私の内に入ってくる。何もないという特徴を持った水が私の中に浸透して、そこから、まさに私という特別な色を持った私が芽生えてくるのである。それゆえ、具体的な自分と、無味無色の水、すなわち根源的な所とがつながって、そこから生きるようになるならば、そこから私たちの中の最も良い可能性が、花のように葉のように芽生えてくるだろう。

三　花

坐ることは耐えることである。忍耐をもって、ただ自分の意識が息を通して自分の根底と一つとなるならば、私たちの内なる「何もなさ」は、花となり力となる。心の深みにあるものを省みることはできないが、私たちは自分自身を超え出る。種の命は上へと土を貫き、そこから素晴らしい新緑や花が芽生えるのである。

一輪の花は天の全体へと開かれ、ある意味では宇宙全体を美しくする。例えば殺風景な部屋の中に花が一輪あれば、部屋全体が輝く。宇宙の中に一つの花があれば、一人の良い人がいれば、宇宙全体が満たされて美しく良くなる。そしてこのような天と地のつながりが、まさに坐禅の場合大切なのである。

地面、すなわち重い自分、事実的な自分、苦労している自分と、そしてその中から出てくる芽生え、これはどのようにつながっているのだろうか。自分の背骨を通して、具体的な自分を通して、自分の存在は、自分を超えた根源的な広さ、限りなさへとつながる。天と地がつながるのである。そうすると、内的な統一の内に、形容しがたい、しかし、力強い何かが芽生える。そこから自分自身を超える、自分自身を賭けることができる、自分が全面的に肯定的になる、力強く自分を開く。そうしてそこから花が咲き、枝が伸び、果実が実る。それはどんな小さなものにも含まれているのである。

四　丘

私は先ほど新幹線で来たのだが、丘を見て考えた。大地の表は全てつながっている。たくさんの木々が生えていて、そのどれもがそれぞれに一本の木としてある。そして、梢の葉は一枚の絨毯のように幅広くつながっている。ある意味、何もない所などどこにもない。満たされていない所はない。互いに対して邪魔となる所はない。

私たちも同様だ。坐るときには、全体が一枚の大きな絨毯となって、全ては同じ太陽に照らされていて、全ては密接につながっている。欠けて穴になっている所はどこにもない。しかし、その中で一人一人は、ただただ自分自身として芽生えている。私が全てを尽くしてやっていることが、隣の他の木のやっていることと不思議につながっている。私たちは一つの部屋の中で、全面的につながっているのである。

五　水

一人一人が自分の全てを尽くすことと、根源的な水から活かされて、輝く太陽に暖められることは、つながっている。神が天と地を創ったときには水を使った、という不思議な記述が聖書にはある。「地は混沌であって、闇が深淵の面《おもて》にあり、神の霊が水の面《おもて》を動いていた。神は言われた。『光あれ。』」（創一・二―三）。これは私たちが坐るときの始めの状態である。奥深い水、水は命の起源である。その上を霊が覆っている。すなわち霊が水の中から全てを呼び起こすのである。

水に根を下ろす。全てでもって水に乾く。そうして、水から生まれる。自分自身を去る。自分がどれほど暗い土であってもそれを貫いて、自分が自分自身として発展する。静かに動かないままで太陽に照らしていただく。私が命を造るのではなくて、命のつながりが私たちの内に始まる。自分自身を使っていただく。自分が勝手に思い込みで自分を造るのではなくて、自分を覆っている土が開かれて消えて、土の中から、素晴らしく美しい緑、命が芽生える。

坐ることは、自分の力で成長するのではなく、自分自身を新たに造っていただくことである。「成長する種」の例えでは、ある人が種をまいて、夜昼寝起きしているうちに、種は芽を出して成長する。どうしてそうなるのか、その人は知らない（マコ四・二七）。早く芽が出ればよい、と何度畑に行っても、何の進歩もないようだが、いずれ花が咲き実が稔る。

これは坐禅においても同様である。一生懸命やって、しかし、自分自身を顧みない。昨日と比べて何の進歩もない、などというのは無駄な判断にすぎない。命が命自体として発展すればよい。命が私を活かして生み出してくれて、それでよい。それ以外の一切は任せておく。種から殻がはがれ落ちることで命そのものが働く（マタ三・一二、ルカ三・一七、ヨハ一二・二四）。そのように、今、坐ることへと入って行こう。

（二〇一六年四月一六日）

第Ⅴ部　日常への帰還

第一六章　神の似姿となる
──無限の真理と具体的な私──

一　新しいぶどう酒を新しい革袋へ──接心が完結して新たな生へ

この接心において私たちは静かになって透明となって、本当のもの、本当の方と共になって一緒に坐るという大きな恵みを得た。一週間が完結しようとしている今、私たちは少しほっとして、祝い感謝することができるだろう。しかし、この恵みは今ここで終わるのではない。単に得られたものを顧みるのではなく、一人一人の中で今後深まって必ず実が結ぶように、新しく出発しなければならない。

これからどうしていくべきか、不安もあるだろうが、何の恐れもなく、その都度の「今」の中に尽くすならば、必ずや平安が得られるだろう。不安は常に横から忍び入って来るものであるが、そのようなものにとらわれる必要はない。一人一人が自分の道で充実した歩みを力強く進んでいけば、傷ついたり傷つけたりすることは起こらない。横合いから私たちを脱線させようとするようなものごとには一切譲らず、目を留めてはならない。

イスラエル人たちが紅海を渡ったとき、海の中には道筋ができ、危険な水は右と左に分かれて壁のようになった、とある(出一四・二二)。同様に、私たちの心にも右と左に壁があっていいだろう。すなわち、全く開かれていると共に、横から侵入しようとする危険は自分の道とは全く関係がないのであるから、安心していいのである。

ここで、坐禅において重視される工夫について考えてみよう。例えば、坐禅開始時には鐘が三回、終了時には鐘が二回鳴って、坐禅から径行《きんひん》へと移行する。径行の終わりには鐘が一回鳴って、抽解《ちゅうかい》へと移行する。この移行をうまくやるということ、ここに工夫のテーマがある。すなわち、状態の変化によっても内的な連続性が失われないように注意する。坐ったままで径行し、径行したままで外へ出て仕事し、また坐禅に戻る。その間、常に心の深い底流においては連続して一本を通すことは、可能なはずである。

私たちはいつも外から動かされて脱線しがちである。家に帰れば、やはり疲れも出て、何か少し省略しようと思うこともあるだろう。その際、どうすべきかをゆっくりと判断して、連続性を失わないように努めなければならない。接心は思い出としてとどめておくべきものではなく、実際に今為すべき実行である。接心に入る前の自分、パターン化したものの見方・感じ方の残滓は、もちろんまだ自分の中に残っている。それゆえに、完全に力を抜いてしまったら、自分にとって慣れて便利なところへと戻ってしまう。確かに私たちは坐禅において、根本的にはそのような固着した力を打破してしまったのであり、もはやそれは邪魔にならないと分かっている。それでもなお、いまだ具体的な行動においては、外的な力の方へと滑り出てしまいがちだという可能性はある。本来的なあり方の中に安心して入っても、またそこから出ることもあるかもしれない。

では、どのような習慣が良くて、どのような習慣は改めるべきなのか、考えてみよう。「新しいぶどう酒は、新しい革袋に入れねばならない」（マタ九・一七、ルカ五・三八）とある。発酵しているぶどう酒を生きたまま毎日新しい革袋に入れる。中心から生きる、中心でもって生きるということを、私たちはやろうとしている。それを自分の中に深めるためにどうしたらいいのか。根本的な態度において自分がどこにこだわっているのか、どこに偏ってしまうのか。まずは疲れ・自己主張・欲求といった、自分の中に芽生えたものを発見しなければならない。

坐るときには、あれこれとよくないところと闘ったり、相手にしたりせずに、ただ中心を深める。その中心を深めるためにどうしたらいいのか。中心はどこにあるのか。それを私たちは坐ることを通しても、また信仰を通しても教えていただいている。中心的な課題がどこにあるのかを知るためには、真理の道を歩むこと、神と人を愛すること、謙遜柔和な心をイエスと同じように理解して持つこと、こういった信仰のあり方が参考になるだろう。

坐禅は信仰の中で分かっていることを、中から活かし、照らしてくれることで、私たちにとって大きな力となりえる。信仰は全体を初めから含んでおり、究極的な目的までも照らしている。しかしそれが自分の中で本当に生きてくるためには、そこで自分の存在の全てを活かしていただくことが必要である。私たちの存在のただ中においては、主に与えられたものが超え出ている。坐るときには、ありのままの自分の自然なあり方と共に、単にそれだけではなく、主が与えられた恵みをも含めて、自分自身を活かしていただくことになるのである。

二　アウグスティヌスにおける人間の精神の三段階

私たちは日常において、頭を使って状態を判断し、よく考えて識別している。そのようにして自分の気持ちを整理しなければ、自分がどこかへ流れてしまう。理性の重要性は、坐禅においても決して否定されていない。私たちが坐禅においてどのようなことをしているのか、ここでアウグスティヌスを参考に考えてみよう。アウグスティヌスは人間の精神に三つの段階、三つの能力・心の働きを区別している〔『三位一体論』八―一三巻〕。第一のものは記憶である。これは根源的な自分の心の根底であり、そこで私たちは自分の存在に触れ、そこに「私は私だ」という本来的な自己が存在している。第二の段階は理性である。理性でもって私たちは何かについて考え、判断し、思い巡らす。このように根本的な自我意識から理性が出てきて、そして第三の段階では、理解されたところに従って心が動いて主の意志、主の愛が生じる。記憶・理性・愛と意志、この三段階について見てみよう。

理性

私たちは普段常に理性から出発している。日常生活において、理性はまずは外向きに働いている。状況を見て何が必要なのか、今日何をやらなければならないか判断し、それに従って状況をうまく整理する。このような理性の働きを否定はしないが、しかしアウグスティヌスが指摘しているのは、理性のもともとの動きは、私とは何かということを理解しようとして、記憶から中身を汲んで考えることにある、という点である。理性は根本的に自己の中から働いて、中からの動きの中で、自らの具体的な課題を把握する。

言ってみれば、理性は鏡に例えられる。鏡をただ外に向けるならば、混沌とした外的状態が私の内面に映し出されるのみであって、自己自身を把握することはできない。しかし理性はもともと自己の中に向かっている。中から真に善いものが理性に明快に伝わるならば、その全てでもって考えることができる。何が真理であり善であるのかは、自己の中からしか分らないのである。

理性を内面に向けるならば、心がすっきりして透明になり、根本的に理解したことが明確に立ち現れてくる。このようにして把握した内容は、鏡が中心をストレートに映すように、根本的なことの表現となっている。私たちが単なる欲求にもとづいて行動し、否定的な気持ちや憎しみにとらわれている場合、鏡は汚れて何も見えなくなり、ありのままを映さなくなる。鏡を磨いて透明になれば、心がすっきりとなって、本当のものをそのまま表すようになる。このように、単に自分に都合よく反応するのではなく、理性と根本的なところとのつながりを密接にすることが、一つの課題となっているのである。

記　憶

坐るときには、私たちは第一の段階に遡る。アウグスティヌスが指摘するように、記憶の特徴は、理解する自分と理解されている自分が、「私が」と「私を」の二つに分離することなく、ぴったりと一つに重なっている、という点にある。聖書においても、私の霊、すなわち心の根底は神と結ばれている、と言われている。私たちは霊によって「アッバ、父よ」と、イエスと同じように呼ぶことができる（ロマ八・一五）。すなわち霊や記憶こそが根底である。そこはかけがえのない自分、対象とならないがむしろ対象性の源となるようなところである。具体的なあれこれを考える第二段階ではなくて、ここでは自分の中に任されたままで没頭して、理性によって考えられた自分をいったん抜きにして、もとのところ、生の自分、本当の根源の自分に根付こうとする。坐るときに私たちがやろうとしているのはこれである。

この根源とはすなわち真の自己、いまだ自分自身は到達していないような自己、自己の原型である。そしてそのような根源は、主との関係の内にこそある。そこで私たちには、神の自己表現・似姿となるという課題が与えられている。それはすなわち、子となる、ということである。ローマ書の次の節では、神の霊が「わたしたちが神の子供であることを、私たちの霊と一緒になって証ししてくださいます」（ロマ八・一六）とある。子であるとは、すなわち「表現」である、ということを意味する。いまだ自己自身は自立してはいないが、しかし自分がそこから出てきた、その根源的なところの表現となる、これが神を表現するということである。

私は自己に先立つ根源的なところから生まれた子である。容易なことではないが、子である自分自身の霊が根源的な神の霊と一つになることができるならば、私たちは神から動かされたままで自分自身を動かすようになるだろう。神が私たちを動かし、活かす。神から本当の自分が自分に授けられると共に、根源的に可能な自分を受け取って自分のものとする。もちろん自己というものがあっていいのではあるが、しかし自分とはただそこに既にあるような「物」ではない。むしろ私たちは自分を把握することによって自己へとなるのである。自立的な主体としての自己は、自分の勝手によるならば、かえって横道にそれて自己から離れていく。根源から生まれ、動かされ、従うことによってこそ、自分が自分自身を自分自身のものとして受け入れることが可能になる。このようにして私たちは自分自身として自分の人生を生み出す。主体としての自分を生み出すためには、神から存在を与えられるままに、私の存在を受け入れなければならないのである。

意　志

全ての苦労は産みの苦しみのようなものだ、と言われている（ヨハ一六・二一、ロマ八・二二）。自分が自分自身を産み出すとは、苦しみがあればそれを深く負って、自分の前にあるものを授けられたままに受け取ることである。自分がこのようにありたいと望むならば、根源からの神の働きと、自分が本気で本当に生きることとは一つとなる。根源から活かされたままに本気で生きるとき、私は全く自分自身となる。自分が自分に対して責任をもって、不完全ながらも何とか自己自身を遂行しようとする、これがつまりは大人としてのあり方である。単に受動的に神が何とかしてくださるだろう、と期待してはならない。私が責任をもって自らの課題・可能性・真理を探究する中で初めて、神ご自身が私たちの中で一本となってくださるのである。ただ人がしてくれるのを待つのではなく、私たちは真剣に一人一人自分で考えて自立的に責任をもって努力しなければならない。

しかしながら、不思議なことに、人間は外的な事物を作ることはできても、自分勝手に自分自身を作ることはできない。「主御自身が建ててくださるのでなければ、家を建てる人の労苦はむなしい」(詩一二七・一)。主体的な遂行に先立って、まずは根源からの呼びかけ・導きが与えられているのである。アウグスティヌスは、私が創造されたとき、存在を与えられたと共に呼ばれた、と言っている〔『告白』第一〇巻第二七章第三八節、第一三巻第二章第二節、『真の宗教』三九・七二〕。この呼びかけは、向こうからではなく裏から呼んでくださる、という不思議な表現をしている。裏から、つまり中から呼んでくださる。私たちは常に外へと向かう傾向にあるが、裏にある中心から呼ばれて振り向くときに、初めて自分自身を摑む。それゆえ坐る際にも、外に向いて気を散らす方向に流れてしまうのではなく、自分が自分のものであるために、自分の方に戻らなければならない。

三　神の賜物の管理者

根源的な呼びかけは一つであるが、しかし今どのようにすればよいのか、という導きは、その都度その都度与えられる。これは時間というものがあることに関連する。神は時間を与えることによって私たちに触れて、方向を与えようとする。伝統的なキリスト教の霊性においては、これを神の現前・現存の内に生きる、と表現する。それはすなわち、根源に戻っては、また出発するということである。自らの内に古くなった否定性が生じても、過ちを美化することなく、しかし落胆することもなく、任せたままにして、そして謙遜にまた出発させていただく。その都度その都度新たになる。

ここで重要なのは、根源と意識とのつながりを失わないことである。私たちは忙しさに紛れて、あるいは失望して諦めてしまって、根源との関係をおろそかにし、断ち切りがちだ。しかし、あらかじめ結論を決めつけてしまうことなく、静かに原点に戻り、内的なつながりを回復するならば、そこから勇気と力を汲むことができる。そこには、自己に対しても他者に対しても何ら否定性が含まれてはいないのである。

そのためには、根源へと通じるパイプを、古くなって錆びついて詰まらないように、常に掃除する必要がある。私たちは常々、しっかりとした意識と判断力を育てようと努めている。その結果、自分にとってなくてはならないもの、例えば健康などに執着しがちである。しかしそれは、自分が考えている自分、小我にすぎない。私たちは自然的な自分を前提として、その上で自分に何ができるのか、と考えがちであるが、福音には、自分が管理人だ（マタ二四・四五―五一、ルカ一六・一―一〇）、とある。私たちは壊れやすい器の中に神の賜物を持っている。私たちは自分の力・時間・能力の管理人であって、真の持ち主は自分以前にある。人生はもともと自分のものではない。それゆえ、人生に対して、神に対して権利を主張できない。もちろん、思い通りの人生を送りたい、という希望や信頼を持つことは許されるが、しかしそれは権利ではない。自分自身を絶対の出発点とすると、自分の幸福は当然の権利だと見なし、そしてそれがかなわないと、人生に対して、現実に対して否定的になる。そうではなくて、そのつど希望を持ってお願いして、受け入れることが大切なのである。

坐禅においては、これを随意と呼ぶ。随意とは、自分の勝手な思いに支配されることなく、目前のことに合わせてついて行くことである。例えば今別のことをやりたくても、目の前の準備をしなくてはならない、というように、その都度その都度の義務に対して随意になることは、なかなか難しい課題であろう。もちろん、単に一生懸命やるだけではなく、時には力を抜いて休む必要があれば、それもまた随意である。

四　神の現れとしての人間

さて、私たちの人生には本当に中身があるのか？　私たちがあれこれと行為していることには意味があるのだろうか？　私たちは自分と自分が対象とする事物との関係においてのみ生きているわけではなく、それらを包括する根源に貫かれている。私の中には命が生きていて、無限が入っている。イエスは、わたしは自分勝手には何もせず、ただ父に教えられたとおりに話している、と何度も言っている（ヨハ七・一六、八・二八、一二・四九―五〇、一四・一〇）。私たちもまた、例えば食事を作るとき、掃除するとき、自分の弱さを受け入れるとき、そこには無限の中身が入っているのである。これはすなわち神の命が人間の内に生きているということであり、人間にとっては大きなチャンスである。こうして、人間は神の似姿、神の現れとなるのである。

恵みを通して本物が私の内で働く、これは特別な人にのみあてはまるわけではない。そのためには、自分を手放して謙遜になり、対立なしに生きなければならない。何かを否定することはあってもよいが、しかし自己に執着すると内的対立によって自分が曲がってしまう。たとえ自分にはどうしていいか分らなくても、それでも自分の分らなさ・出来なさを受け入れて、何とか解決を探そうとする。そこで自分の中の隙間や対立にとらわれないようにしなければならない。

五　愛の具体性・個別性

例えば一日二四時間坐ることは、決して理想ではなく、具体的なものごとを大切にしなければならない。人間関係や仕事など、自分の道をどうすべきか、具体化することが重要である。無限は個別的で具体的なところときれいに対応し合っている。全面的に善いところ、限界のない無限の場と、あれこれの場や今この人との関係と、この二つは常に対応しあっている。つまり、個別的な事は、本来は無限を通してのみとらえ得るのである。

それゆえ、一般的な原則からは具体的なものごとを把握することはできない。この点で、キリスト教はギリシャ思想を超えている。ギリシャ思想は一般的な本性を追求し、具体的な個物はその一つの事例にすぎないと考える。しかしキリスト教においては、神は人間一般ではなく私のこと、この人のことを考えている。無限が全体の中の個を目指すということ、それは愛とつながっている。一般的なものを愛することはできない。私は人間そのものは大好きだが、具体的人間は拒否する、というのであれば、それは愛ではない。

六　決断の時

具体的な悩み・問題をどこか物置の中にでも放置する、ということはよくあることだ。すると物置は何十年の間に問題が山積して、見通しがつかなくなってしまう。難しくとも時間がかかっても、とにかく問題に直面しなければならない。すると、そこから力も湧いてくる。坐ると、物置が少し開かれる。そうしたらともかく順番どおりに一つ一つどうにかしなければならない。

解決の機がまだ熟しておらずどうすべきかまだ分らないならば、待つのもよい。時をつかむ、とイエスも言っている。時とは、何も重大な時ばかりではない。時は全てその都度の今、今にある。その時に自分が直面して、今どうすべきかを問われるとき、時の中で理解がすっきりして、課題意識が出てくる。そして、その時その時のことを受け入れて識別する。もちろん、識別して下した判断が絶対に正しいとは限らない。経験から学ぶこともあるだろうし、一応自分に分かる範囲でやってみて、後で結果が判明することもある。

こうして、私たちは決断する。決断といっても大きな決断ではなく、まずは自分自身をつかむという決断、今をつかみ今に直面するという決断をしなければならないのである。

諸問題の内最も大きい課題は、他者であろう。若くして亡くなったイエズス会の聖人ヨハネ・ベルクマンス（一五九九―一六二一）は、最も辛い苦行は兄弟たちとの共同生活だと言っている。会社や家族などにおいて、人と人の間が通じないということも当然ある。それでも、一言挨拶するだけで、相手は無反応かもしれないし、あるいは門が少し開かれてくるかもしれない。人間関係において対話は重要である。対話とは、相手との共通の基盤があるということを認めることである。坐るときには、自分の基盤は自分の所有物ではないと分かっている。人間同士は共通の基盤・根源のもとに根付いていて、そこで共に生きている。

自分の勇気のなさや否定性・諦めを克服して、自分からイニシアチブを取ってみることも大切であろう。そうすれば、あるいは自分の力を超えているかもしれないが、案外実りが得られることもある。このように能動的に生きると共に、また静かなところに迎え入れられ包まれ癒されて、内的な安定を得ることもできる。

人間は本当のことを生きること、限りなく生きることができる。これをイエスは強調している。「あなたがたの天の父が完全であられるように、あなたがたも完全な者となりなさい」(マタ五・四八)。人間は無限に善いものとなり得る。限りなく自分自身を無にして信頼することができる。そこから、アウグスティヌスの第二段階の判断力、第三段階の意志が発してくるのである。

(二〇〇九年八月六日)

第一七章　日常生活における坐禅

——集中とリラックス——

一　日常生活へと還るにあたって

六日目、私たちの接心の最後の提唱にあたって、これからの日常生活に向けて考えてみたい。

生活の中で坐禅に取り組んでおられる方も多いだろう。これからもそれを大事にして、時間を十分にとって、がっしりと徹底的に坐ることが望ましい。忙しい生活において、あらかじめ決めた時間の全てを使うことはできないとしても、それでも、坐ることを捨ててしまわずに、少しでも坐るとよいだろう。

その際重要なことは、緊張せず頑なにならずに、「徹しながらもゆったりと坐る」ことである。これは内面だけではなく、体においても同様である。具体的な坐り方に関しては、まっすぐになるということだけに注目すると共に、さらに自分の意識を何にも執着させず何も考えないままで保つことが大切である。そのためには、足の力を抜くことが有効である。体を立てると足や膝に力が入りがちだが、そう感じたら、姿勢を保ったままで、足の上半分から力を少し抜く。全くまっすぐに坐って、体が前方に傾いていなければ、バランスをとるために足を使う必要がないので、足に力を入れる必要もなくなる。また、腹においても緊張を緩めて、重点を下げる。

ただそのままそのまま、「放下《ほうげ》」する、ほっとする、ということを学ぶことが大事である。坐禅の目的は苦しんで坐ることではなくて、静かに坐る、ということだからである。

二　時間の持つ二面性

普通の生活の中でも、坐禅におけるのと同様に、開かれたままで生きること、これが課題である。そのために、時間について考えてみたい。時間には二面性がある。すなわち、流れ去る時間と幅のある時間である。この二面性を考えることを通して、日常的な態度の二面性をとらえることができる。

流れ去る時間

私たちが普通時間と言う場合、「時間が流れてしまう、時間が経ってしまう」というふうに用いる。こうして話しているうちにも時間は流れて行く。それを考えると忙しくなって焦って、なるべく時間をつかもう、時間に中身を入れようとする。日常的な意識においては、時間は流れ去って過去はもはやなくなってしまう。それは、可能性がなくなって、ある意味「終わり」に向かっていくような時間である。時間について考えるとき私たちは終わりを意識して、自分が年をとることや、人は死ぬのだ、ということに目が向く。

確かにそれは時間の持つ一面ではあるだろうが、そのような時間の中にだけ生きると、「時間の中になるべくたくさんのものを得よう、実現しよう」という意志が出てくる。これは正しい意志でもあり得るし、間違った意志でもあり得る。刻々になくなっていく時間をどうにかしてつかむために、私たちはそれに内容を与えようとする。表面的なレベルにおいては、例えば時間を楽しもうとするだろう。しかし、いかに楽しんでも時間は流れ去って残らない。

もう少し深いレベルで言えば、私たちは時間の中で有意義なことをしようと考える。有意義なことをすれば、たとえ時間は時間として消えてしまっても、時間の中に含まれている可能性は実現されて、その意義は消えずに残る。そういう意味では、これは良い意志であろう。私たちは時間の中に生きているのであって、イエスも「わたしたちは、わたしをお遣わしになった方の業を、まだ日のあるうちに行わねばならない。だれも働くことのできない夜が来る」（ヨハ九・四）と言っている。「時をよく用いなさい」（エフェ五・一六）とパウロも言っている。具体的なことでも、あるいは人間関係においても、何かを造る、良くする、可能性を実現する。これは自分の中において、あるいは直接に神との関係において、せっかく与えられた時間を無駄にしない、ということでもある。そのためには頭を使う必要もあるだろう。私たちがものを考える場合、多くは時間をどう使うか、ということを考えている。このような思考は、まず目的を定めて、目的のための手段として何が必要なのか、手段と目的の関係をよく見極める、という構図でなされる。

しかしながら、それでもやはり、時間はどうやっても流れてしまうものである。それゆえ、あまりこのような目的意識にとらわれると、忙しく焦って、落ち着きを失ってしまうことにもなるだろう。

幅のある時間

時間のもう一つの側面は、余裕・幅である。実際人間の時間意識は、「今、今、今、今」という風になっているのではなくて、ちょっとしたゆとりがある。例えば、今皆さんが私の話を聞いているとき、今発した言葉と共に前に言った言葉もまだ存在しているし、これから出て来ようとしている言葉も同じ時間の中に含まれている。時間には幅があるのである。時間が流れると言っても、あらかじめ決められた量を時間が運び去るのではない。時間は常に生成し、開かれて行くのであって、豊かな泉がそこにはある。

私たちは時間の中で本物に触れて、そこに落ち着く。食事のときも寝るときも、時間の中に落ち着き、時間が迎え入れてくれる。このような時間とは、刻々に失われていくような量的な時間ではなく、包んでくれる開かれた時間である。その時間の中で、根本的に存在とつながる。時間の中には永遠の今がある、とも言われる。「今」の内には消えないものがあり、そこに根をおろすことができる。たとえ時が流れても全く問題はない。今ある、その「今」ということの中に生きるのである。

今

坐禅においても、後のことも前のことも考えずに、ただ「今」の内にあらねばならない。この今とは、過去と未来の間の現在という意味ではない。今とは、限界のない開きそのものである。今とは単なる時間ではなくて、今正しいこと、良いことへと結びついている。良心は、後々どうすべきか、を教えてくれるのではなく、今何ができるか、その正しいまっすぐな関係を指し示している。

イエスは、迫害されたら、何をどう言おうかと取り越し苦労をしてはならない（マタ一〇・一九、マコ一三・一一、ルカ一二・一一、二一・一四）と言う。「その時」のその今に、神との関係への開きがある。単なる時間としての今は失われてしまう。しかし「今」の内実には救いがある。新約聖書の中にも「今」という言葉が出てくる。例えば、「今や、恵みの時、今こそ、救いの日」（二コリ六・二）。今こそ和解の時であり、超越の神から和解の言葉が発せられている。あるいは、イエスが生まれたとき天使たちは「今日ダビデの町で、あなたがたのために救い主がお生まれになった」（ルカ二・一一）と言う。今日とは、それを聞く私たちにとっての今日である。またイエスは最初の説教のときに「この聖書の言葉は、今日、あなたがたが耳にしたとき、実現した」（ルカ四・二一）と述べ、十字架上では「あなたは今日わたしと一緒に楽園にいる」（ルカ二三・四三）と犯罪人に言う。今日、今、救いの場・救い主が私たちの内に生まれ、今、言葉が成就され、今、楽園にいる。今こそ神との和解の時である。それは、満ちた今、そこにこそ本物が入っている、その今である。

このことに気がついて受け止めるために、今を生きる、今に直面する、まっすぐになる必要があるのだ。時間に圧迫され忙しさに捻じ曲げられてしまっては、今ということが分からなくなって、言葉の成就も楽園も見えなくなる。開きは今、与えられる。それゆえ常に、ゼロ点に戻らなければならない。ゼロ点とは、後のことを先取ったり、前のことに執着したりしない、ということである。イエスは、後のことは後で問題にすればよいと言っている。「明日のことまで思い悩むな。明日のことは明日自らが思い悩む」（マタ六・三四）。今、神の国こそが第一なのである。それゆえ私たちの意識を支配し黒雲のように覆ってしまう忙しさを捨てて、自分自身のゼロ点に戻って、今、そのままでいればよいのである。

このような態度は、時に聖人たちに見てとれる。若くして亡くなった神学生アロイジオ〔イエズス会士アロイジウス・デ・ゴンザーガ（一五六八―九一）〕は、他の神学生が冗談で「三〇分後に死ぬ、ということが分かったならどうするか」と聞くと、「そのままにしておく」と答えた。今の内に全てが入っているのであるから、特別に焦って何かを変える必要はない。その都度その都度、今を全く任されたままで生きる。そして、今できることを全面的にする。そこには忙しさを捨てた余裕がある。ゼロ点に戻って、開かれた、不安なしの関係の中にいるからである。

三　日々のただ中に開かれた無限

日常生活における神の現存

このような態度から何が出てくるだろうか。最も理想的なのは、普通の生活、皿洗いをしたり買い物をしたり手紙を書いたりする、その生活の全てが坐る時と全く同様になることである。これはなかなかできることではないが、しかし普通の仕事とは別に、例外として神に対して祈るというのではなく、祈りもまたごく普通の日常の中に位置づけられるべきである。道元（一二〇〇—五三）はそれを強調している。お茶を一杯飲んでも、顔を洗っても、何をしていても、どんなことの中にも根源的なものが入っており、そこで全てが実現されているのである。それは確かにそうだろう。一見つまらないことをする場合でも、いかなる時も本気で根本的にやれば、存在そのものの内に神自身との関係が全面的に入っているはずであり、宇宙万物がそこに集まっているのである。

キリスト教の伝統の中でも同様に、全てのことの内に神を見出す、と言われている。あらゆる日常的な仕事の場面において、意識的にというよりは意識の底流で、常に神との関係の中に生きることが勧められている。神はいかなるものにおいても最も中心に現存する。トマス・アクィナスは、どのように神が現存するのか、三つの点を挙げている（『神学大全』第一部第八問第三項）。一つは、力である。全ての中で私たちは力づけられている。根本的なところに戻ったら、そこでは私にできないことは何一つない。「どうせだめた」と挫折感を抱く必要はなく、「神にできないことは何一つない」（マコ一〇・二七、ルカ一・三七）。限定された可能性が失われることなく、常に新しい可能性が根源的な働き・力から開かれてくる。第二に、神はその本質でもって現存する。神はその存在自体、彼自身として関わる。ただ働くのではなくて、顔を持った自分自身として関わってくださるのである。もう一つは、これは私も長い間分からなかったことだが、神はその摂理でもって現存している。すなわち、私たちの手をとって導き、丁寧に面倒を見て、守ってくださりながら、道を開いてくださるのである。

知恵と識別

このようなことは、旧約の「知恵」という概念によって理解できるのではないだろうか。この知恵は、文体上擬人化された姿で描かれている。知恵はもともと神と共にあって、その中に神の考えの全てが入っており、全てはこれを通して造られている（箴八・二二―二九）。特に三〇・三一節では、知恵という方が、主の造られたこの地上の人々と共にいることは私の喜びであり、そこで常に神の前に遊ぶ（演奏すると訳されているが）、と言っている。知恵は世界の中に入ってきて、不安を覚えたり焦ったりすることなく、単に一生懸命に働くだけではなくて、遊んでいる。つまり余裕をもって、神に向かって演奏している。このように、喜びの内に神の前にいる、ということが知恵の特徴である。このことは、永遠がどういう風に時間の中に入ってくるのか、ということを示している。永遠の知恵は時間の中でまず第一に人々の子らと共にあって、神の前に楽を奏し楽しむ、そのような余裕を持っているのである。

永遠に神と共にいて、世界の中に入ってきて、子らと共になるこの知恵は、新約聖書では、イエスの内にある。「神の力、神の知恵であるキリスト」とパウロは言う(一コリ一・二四)。イエスは自分が人々と共に食事したりすることに関して批判されたとき、「知恵の正しさは、それに従うすべての人によって証明される」と言っている。ただ大食漢・大酒飲みというのではなく、人々の子らと共に神の前に余裕と喜びを持っているのである(マタ一一・一九、ルカ七・三四―三五)。

それゆえ、どのように生活すべきか、それは知恵の問題である。知恵の問題だということは、識別の問題である。もちろん一方でイエスは一生懸命に働いている。「わたしたちは、わたしをお遣わしになった方の業を、まだ日のあるうちに行わねばならない。だれも働くことのできない夜が来る」（ヨハ九・四）。夜が来て、もう何もできなくなる時が来る。だから今できることは今しなければならない。しかし基本的には、人生とは自分のものではなくて、その都度与えられているものなのだから、生老病死に関係なく、常に今やるべきことをしつつ、同じ関係の中にとどまり続けるべきである。識別によってそのことを学ばなければならないのである。

聖俗の区別を超えて

イエスの態度はまさしくこのようなものである。そこから彼は、聖なるものと世俗的なものをあまり区別して考えることをしない。例えば、安息日を確かに尊重はしても、しかし人のために必要であれば安息日であろうとも平日と同じように人を癒す（マタ一二・一〇―一二、ルカ六・六―一〇、ヨハ五・五―九）。これはむしろ、平日がまさしく安息日なのである。平日であっても安息日と同様に、常に常に神の近くに生きる。平日も安息日と同じように、また安息日も平日と同じように生きる。もちろん両者の区別には意味があり、イエスもこれを否定してはいないが、しかし根本的にはこれらは一つである、と考えている。

これがすなわち知恵というものである。無限への開きと、具体的に今しなければならないことが、ここではつながっている。今目の前にあるこの魂の中に、無限が胚胎されていることを認める。そうして、疲れや虚しさを感じる気持ちそのものの中に何か大きなものが含まれており、そこで無限のものと直接的な関係に入って、新たになることができる。私たちの外的な人間は消耗していくが、しかし「内なる人」は日々新たにされる（二コリ四・一六）。消耗して疲れて果て嫌になっても、内なる人間が常に新たになる。ならば、どうすべきか？

二節後では、「見えないものに目を注」ぐべきだと言われている（二コリ四・一八）。これがつまり、坐るときにやるべきことなのだ。見えるところ、思考の対象となるようなところではなく、目に見えないところに注意を注ぎ、目をとめる。そこで私たちは命の泉、神とつながって、そこから新たになるのだ。

このような普通のものの中にこそ本当のもの、神の近さがあるのであって、そこで神が命の泉となってくださる。このようなところにおいてこそ、本当に私たちは行動できるようになるのである。

四　放《ほう》下《げ》

不完全な自己の委託

時間に関して言えば、時間がなくなるのは全く惜しいものではない。長いか短いかはともかく、自分には自分の十分な時間が与えられている。「こうでなければならない」という思いは雑念なのであって、徹底的に任されたままになるべきである。そして、その内にあって自分に開かれた可能性をどうすべきか考え、それに尽くすべきである。そうすると、心の根底に余裕ができるだろう。

もちろん私たちは不完全な存在であるから、忙しさで体が消耗し、いつまた大切なことを忘れて、ただこの世的な世界の中で生きることにかまけてしまうかもしれない。それでも、自己嫌悪に陥ることなく、自分に対して忍耐を持つ。深く、良く生きることができないと感じても、それでもそのような状態を受け入れる。神は試みておられるのであって、自分の心があまり良い状態にないとしても、その心は神が造ってくださったのである。もちろん努力して、常に一生にわたって追い求めることは重大だが、しかし、結果に頼るのではなくて、自分が外的・内的にどうあろうとも、「自分の内には根拠のないような平安」に戻るべきである。自分の努力の結果平安が得られるということもあるだろうが、しかしそのような平安には限界がある。自分なりの義を貫くことも大事だが、しかし自分が義しく行動したかどうか以前に、既に平安は開かれている。自分の不完全さを問う以前に、限りない信頼でもって、自分を新たにしていただく。神は私たちの心よりも大きいからである。「心に責められることがあろうとも、神は、わたしたちの心よりも大き」い（一ヨハ三・二〇）。それゆえ、自分が不十分であっても、お任せする。そうすれば、全てを通して、神の近さ、神の慈しみ、神の知恵が入ってくるだろう。

自分がどうすべきか、どうあるべきか、という知恵は、自己の内から教えていただくものである。アウグスティヌスはキリストを「内なる教師」〔『教師論』〕と言っている。この内なる教師によって中から分かる知恵と、自分の今とがどのようにつながっているのか、が重要なのである。

もちろん、委託とは、私たちの努力がおざなりであってよいという意味では決してない。

むしろ目覚めた意識の中に根本的な目標を持つ、という意味である。できる限り、自分の全てでもって仕え、自分を使っていただくならば、たとえ自分には限界があろうとも、神の広さでもって見て挫折することはない。私たちは究極的な善いものを創造し完成することができる。

このように、自分の視野を超えて希望するのでなければ、自分一人で一生懸命になるあまり、自分に関しても、周囲・教会・世界においても挫折し、傷つくことになる。確かにイエスもまた苦しんでいる。決して不完全性を楽観視しているわけではないが、悩みながらも、それでも神の国と神の働きが、必ずそこにあることに信頼している。性急に結論を出さずに、任されたままで生きることが大切なのである。

奉献と愛

心が落ち着いていれば、人間は表面的な感情に動かされることなく、余裕をもって存在の根本的な響きを聴くことができるだろう。苦しみを前にして、単に合理的に判断を下すべきではない。人の苦しみや悩みは、たとえ小さくともその人にとっては大きなものなのであって、その人の気持ちを大切にして同感し、溶け合うことが望ましい。深いところでもって、丁寧な心で感じ考えて、そこから人を理解し、自分自身をもとらえる余裕を持ちたい。ここで言う余裕とは、なおざりという意味ではなく、深みとしての余裕のことである。自分の存在の深みを通して、苦しみや問題により真剣に深くつながり、力の泉になってあげたいと願う心である。自分には何もできない、と断ってしまうのではなくて、イエスが自分の存在を通して力の泉となって癒したように、私たちにも何か少しはできるかもしれない。だからこそ私たちは捧げられた存在となり、自分の人生の全てを通して神が働いてくださることを受け入れなければならないのである。

坐禅とは自分の存在に入ってその全てを使うことである。自己を放下する、挙げる、忘れる。もはや私は自分のものではなくなる。そこでこそ自分の存在が働き始めるのである。本物と私が一体となることで、人間の存在を通して本物が現れ出で、関わり、癒しを実現する。

本物と私との接点、それは静かな愛にある。愛の原点は感情ではなく、良い意図と自分の根本的な存在がつながるところにある。自分の心・存在・意識・意図の全てを挙げた愛、それは苦しむ愛でもある。イエスはエルサレムを見て、人々のこれからの苦悩を予想して泣いている（ルカ一九・四一―四四）。このように、全てを分かち与えたくなるような愛は、同時に知恵のように、神の前で喜び遊ぶことができる内的な余裕をもって自分の全てが燃えるような愛でもある。この愛は、もはや当人の主観的な気持ちなどといったものではなく、イエスの聖霊・精神・心と一体となったものである。イエスの内では神の心がイエスの心と一体となって働いている。人間もまたそのようになることができるはずなのだ。そのために自分の存在を開き、貫かれることを受け入れるとき、愛は根底から湧き出てくるだろう。

確　信

最後にもう一つ、「確信をもって生きる」ことを勧めたい。自分なりに具体的にこれあれが実現されているから確信を持つ、というのではなくて、いかなる根拠もない確信、すなわち直接に神だけを根拠とする確信を持つことが望まれる。これは、まずもって考えによらない確信である。理解できないことがあっても揺らいでも、それでも何の不安も恐れることもなく、思い煩うこともない、確実な、内的な安定、力強さである。岩を自分の土台とする（マタ七・二四―二五、ルカ六・四八）、とイエスが言っているように、根本的なところとつながっているという確信を持つようにしよう。勇気をもって、いつまた沈んでしまっても、自分の力に頼らないで、ペトロのように「主よ、助けてください」（マタ一四・三〇）と叫んで引っ張り出してもらうことができる。失敗しても、叫び声をあげて引っ張り出してもらって、そしてまた何もなかったかのように続ければよい。

主は私たちの近くにいる。不二不一、分かれているわけではなく（不二）、私のものでもない（不一）、そのようにして主は近くにおられ、常に常につながりながら、先立った者として支えてくださる。余裕をもって、生きて行こう。

（一九九九年八月九日）

第一八章　日常生活世界への帰還

——我と汝との開かれた関係——

一　日常へのスムーズな移行

接心の最後の日を迎え、今日は普通の生活への出発点にあたる。皆さん一週間にわたって良く坐り通された。この経験は今後の長い人生における基盤となるだろう。本日の提唱は、今までの坐りについてではなく、これからのことについて考えてみたい。

坐禅では「工夫」という言葉を使う。坐禅から経行《きんひん》へ、抽解《ちゅうかい》へ、あるいは食事や作務へと移行する、その境目を良くつなげることが大切である。これは、状態は変化しても内的にはつながっているということである。これが、私たちの生活における重要な課題なのである。静かな黙想の家とは異なって、普通の生活は社会の中にあって、混沌としているかもしれない。しかしながら、ここで本当の生活に触れて得たことを捨てることなく、生活の中へ丁寧に浸透させることができればよいだろう。

まずは焦ったり心配したりすることなく、しかし譲ることもなく、たとえ転んでもまた立ち上がるという広い大きな心でもって、根本的には揺るがずに継続していく。一から十へと呼吸を数えるように、いつでもまた一へと戻って、新たにやり始めればよいのである。

色即是空とは、このことを意味している。様々な諸状態（色）から一なるところ（空）へ、そして今問題となっているのは、逆に、根本的な統一（空）から様々な普通の生活（色）へ、という移行である。これは、信仰におけるテーマとしては、キリストの受肉を示唆している。受肉とは、一なる神から混沌とした世界へと入っていくこと、混沌とした世界を自分の中で統一して、父なる神へと近づけるということである。

私たちの中には、いまだ内的中心に至る前の自分、弱い点や良くない習慣が残っている。それゆえ、中心から世界へと戻る際には、危険がないわけではない。聖書にも、「わたしはあなたがたを遣わす。それは、狼の群れに羊を送り込むようなものだ」（マタ一〇・一六）と言われている。では、どうすべきか。呼吸のつながりを通して中心とのつながりを求める、という具体的な習慣を、日常生活の中でも維持できるとよい。注意力を呼吸に合わせて、そこから内的に新たになることは可能であろう。

作務の時間には様々な仕事をするが、その中でも心が分かれることなく、自分を尽くして課題を果たし、内的な統一を行動の内に保つことが重要である。パウロも回心の後で、真に目が見えるようになった、と言われている（使九・一八）。私たちも見える心、深い理解を大切にしなければならない。心が鈍くならないように、意志の内的な力を大事にするならば、心が若返って勇気が湧いてくるだろう。そうすると、何もないところからも常に力を汲むことができる。自分を無にすることを通して心を磨くならば、心が鏡になって、そこに本当のことが映る。神が私たちを活かし、息吹を吹き込んでくださるのである。

接心の終わりに近づき、私たちは出発点に立っている。今私たちには、何が重大なのかが少し分かりはじめている。この分かったことを、そしてこれからどうすべきかという課題を、心に、意志に刻み込むことが重要である。自分に与えられた時間・能力を何のために、どのように使おうか、使わせていただこうか、使っていただこうか。これは人生全体に対する根本的な問いである。

二　坐ることと祈ること、向かうこととつながること

何が本当に自分のためになるのだろうか。まず具体的には、毎日の生活の中で個人的に坐ることは有効であろう。坐ることと祈ること、この二つは私たちにとって内的な二つの根っこなのであり、根底に入るためにこの二つを合わせて実現するならば、実りが多いだろう。祈りとは、自分の根底を掘り下げて、思い・意志のこもった自分の心、生きた心、自由な心の真ん中で実践するものである。そして祈りとは、向かうこと、つながることである。具体的で自由な自分とは、あくまでも私の心に内在したものである。ただし、この心は、深い地下水につながっていなければ枯れて狭くなってしまう。単に他の人々に向かってつながるという以前に、地下水にまで深く入ってつながりを見つける。そこでは、神と自分とがつながり、そこに主が宿っているのである。一方、坐ることは、根底に井戸を掘ることである。この根底と祈る自分の中心とは、全く同一ではないが、しかし通じているのである。

もっとも、坐ることと祈ることとを混同すべきではない。例えば朝は祈って、夜は坐禅す

る、あるいはその逆など、区別して行った方がよい。坐禅の前に祈ることは有益であり、その際は主の祈りや天使祝詞などをゆっくりと繰り返すのもよいが、祈りとはもともと、あなたを見つけたい、という心からの自由な実践であり、そのような祈りを通して私たちは新たになるのである。

禅に関して言えば、どのくらいの時間を坐るか、あらかじめ決めるとよい。必ずしも四〇分でなくてもよいが、一五分以上は続けた方が実りが多いだろう。いずれにせよ気まぐれにやってみて、面白くなくなったらやめる、というようなことではなく、あらかじめ時間を決めてすべきである。坐蒲《ざふ》がなくてもクッションなどを用いてもよいが、静かなところで壁に向かって、外的な日常から自分を切り離して。まっすぐになる。その際、経行は必要はない。自分の眠気や怠惰や思いにとらわれずに、がんばって貫く。呼吸と意識を一緒に合わせて意識を呼吸につなぐことで、中心的なところへの道が開かれて、全く任されたままになるとよい。

三　日常的生活世界の持つ価値

これから日常に戻ったとき、生活に対する自分の心の態度をどう考えたらいいだろうか。禅は場合によっては宗教的でないとさえ言われることもあるが、生活全体に対する根本的な態度を支えるためには有効である。日常生活の全てが禅になる、と道元も言っている。

普通の生活は世俗的で雑多だが、それを異質的なものとして恐れる必要はない。「神はアブラハムやその子孫に世界を受け継がせることを約束された」（ロマ四・一三）。自分を脱するならば、全ては私のものとなる。パウロは、自分からは何一つ持っていないが、「一切はあなたがたのもの、あなたがたはキリストのもの、キリストは神のもの」（一コリ三・二二—二三）だと言っている。キリストに根を置くならば、異質的なものも危険なものも何もない、そういう開かれた不安のない態度を得ることができる。自分の我《が》を捨てれば、全体を得る。自分の命を愛するもの（すなわち、自分の欲求に固執するもの）は、自分の命を失う（ヨハ一二・二五）。自分を突破してこそ、本当の自分を大切にすることができるのである。本当の自分への入り口は、原点に立ち戻ることを通して自分を発見することにある。様々な欲求にとらわれた外的で偶然的な自分ではなく、自分を無にして静けさに入ってこそ、自分の内へと入って、そこで本当の自分が目醒めるのである。

原点に戻ったとして、ではその原点からどこへ向かうのか？　ゼロ点からは全てが等距離である。神という中心に戻れば、自分へ、他人へ、課題へ、どれも距離は同じである。どこに行くにしても自分の中心から、自分を使って行えば、そこが自分の場となる。自分を使って自分を通してやるのであれば、不安も違和感もない。どの状態にあっても、たとえ具体的には少々心が揺らいだり沈んだりしても、落ち着くことができる。中心を通してやることができれば、全てが開かれて、その全ての中には良いものがあるのである。

全ての光は父から来る。父は原点であり出発点である。全てがそこから良いものとして出てきて、そこから私が生かされる。そこで自分の心の狭さに打ち克てばよい。中心からは良いものしか出てこない。「良い贈り物、完全な賜物はみな、上から、光の源である御父から来るのです」（ヤコ一・一七）。神は全てにおいて全てを貫いている。それゆえ、日常生活の中には単なる深い静けさ以上に、導きがある。意識の根底において主との関係が入っている。

全ての内において、静かな焦点が働いているのである。

四　世界との関り

このように日常生活を送るならば、ものごとや課題との関係が変ってくる。普段私たちは、他者や課題を、自分とは無関係のものだと外から見ている。自分の好みに従って、他者を客体として見ている。自分の思いを一方的に押し付けて期待し、思い通りにならないと無関係なもの、あるいは敵だととらえる。あるいは外界を自分にとっての手段と考える。自分とものごととの間につながりがないゆえに、不安が生じる。しかし、根っこに中心があれば、それが自分と人とを共に包んでつないでくれる。自分対ものではなく、共にいる。静かな深い一なるところで、共通の父、原点、同じ基盤を持っていると感じることができるようになるのである。

そうすると、世界との関係が変ってくる。つながりの中で対立がなく、それゆえものごとを恐れる必要がなくなる。大魚の前を泳いでパイロットとなる小さな魚があると聞いたことがある。自分という大魚を、小さな魚、すなわち一なるところが導いてくれる。今、こちらに課題があるとき、なかなか動かない魚の自分が、小さな魚について行って導かれる。そこで、ものごととの根源的な信頼関係を立て直していただくことができる。私たちは、様々なつらい体験が原因で現実に対する信頼、人とのつながりへの開きの感覚を失いがちだ。しかしながら、よいものがあるのだ、共通性・基盤があるのだ、ということに気づいて自分を開くことで、ものごととの根源的なつながりや信頼関係・交友関係が築かれるのである。

アッシジのフランチェスコ（一一八一／八二―一二二六）は、太陽を兄弟と呼び、鳥を友とした。彼は根本的なレベルで生きるようになったので、具体的なあれこれを全て自分とつながっているものと感じたのである。聖書には、神に心をとめる人、神を愛する者にとっては、万事が益となり協力してくれる、とある（ロマ八・二八）。自分だけの思い・期待にとらわれていなければ、全てが役に立ち、道となる。ものごとにとらわれていなければ、全てが協力してくれる。全てのもとには、一致や存在、光がある。全てのもとに完全なところがある。それゆえ、世界の中にあることを喜んでいい。具体的な状況にはズレがあったとしても、世界、あるいは社会さえも、肯定してよい。人間は世界の中にあるものだ（世界―内―存在）、と現代の思想でも強調されている〔ハイデガー『存在と時間』〕。たしかにそれはそうだろう。創造においても、神は世界を用いて人間を造っている。人間は時間の中に存在するものであり、世界との関係が、自然や仕事との関係において生きるものなのである。

世界との関係においては、対人関係が特に重要である。他者との関係をどのような態度で受け止めるのか。他人とどのような関係を持つのか。他者を対象としてのみとらえるならば、無関係、衝突、恐れが生じて、本当の関係は失われる。本当の関係とは、もともと共にいることである。「あなたがたは皆兄弟なのだ」（マタ二三・八）。自分を優先して他者との関係の外に立つのではなく、初めから他者と自分とは同じレベルで共にいるのである。まず私がいて、それから他者をどうするのか、ではなくて、初めから他者と共にいる。イエスは家族のメタファーを多用している（マタ一二・四九―五〇）。共にいるということを、自らの根本的なあり方として受け入れなければならない。具体的には、私たちは家族・会社など様々な共同体の中に共にいるのである。

これは自己相対化、自己無化を含んでいる。もはや自分は中心ではない。自分とは異なった人たちがいるということを受け入れる。そうであるからこそ、自分はここにいさせてもらってもいいのだ、ということが分かる。自分だけが特別に異なっているのではなく、誰もが他の人と違うのであり、同時に誰もが皆とつながっている。世界はもともと共通なものなのであり、この状況も共通のものであって、自分の時間も持ち物も状態も共に持つ、という意識がもう少しあってもいいだろう。共に責任を負い、共に喜ぶ。イエスは徴税人という全く異質的な人たちと共に食事している（マタ九・九―一三、マコ二・一三―一七、ルカ五・二七―三二）。他者は一人一人がそれぞれの考えを抱き、異なった性格をしている。自分もまた自分なりの観点を持っていていい。そういう余裕が必要である。同じ時間の中にいるということは、共にいるということである。そして、これが、神の国ということなのである。

五　汝とされ、汝とする

共にいるということは、一人一人が大切にされていることであり、一言でいえば、人間が汝、あなたとされているということである。これは中心的なことだ。自分が自分であって、しかも開かれている。それは、私たちが互いに汝と呼ぶ以前に、まず自分が根源的に「汝」

として語りかけられているということに起因している。まずはそれは親を通して与えられることが多いだろうが、私は目をとめていただき、顔が見える相手から見ていただいて、喜んでいただく。向こうがあなたと言ってくれることで、私は目覚める。この点で人間は動物とは異なっている。人間は根源から大切にされている。父からあなたと呼ばれることで、人間は人間となる。中心・根源との関係が向こうから結ばれることで、自分自身に目覚めて、自分を受け入れる。マリアの賛歌（ルカ一・四七―五五）では、身分の低いはしために目をとめてくださったことを、おおいに喜んでいる。主は一人一人に目をとめてくださっているのである。

坐るときには、こういうところにとどまらなければならない。イエスは「奥まった自分の部屋に入って戸を閉め、隠れたところにおられるあなたの父に祈りなさい。そうすれば、隠れたことを見ておられるあなたの父が報いてくださる」（マタ六・六）と言っている。向こうが見てくださっていることで、自分は祈ることができる。汝としてくださるのは根源なのであって、私たちが相互に与えあえるようなものではない。「あなた」ということの中には向こうの私に対する肯定、向こうの心、私に対する喜びや愛が入っている。人間は「あなた」

とされることによって初めて「私」となる。このように私として肯定されることを通して、私がいてもいい、と、人間は自分自身に対して目覚める。なぜ私が存在してもいいのか、存在のもとには私に対する根源的なところからの愛が含まれているゆえに、私の存在は無駄なものではなく、自分は自分のままでよいのである。

このようにして私が自分自身となるからこそ、そこから他者との関係が活きてくる。他者に目を向けて顔を合わせ、呼びかける。他者を汝とする。そうすることで、世界が活きてくる。これがすなわち隣人愛である。隣人愛とは、単にあれこれを与えることではない。人間関係の中に、無防備なままで、謙遜に、自分自身を投入する。たとえ自分を失っても、他者との関係の中で言葉を交わし、協力して、共に居る。これは、根源からの愛を通してこそ可能なのである。イエスの洗礼のときには、「あなたはわたしの愛する子」（マタ三・一七、マコ一・一一、ルカ三・二二）と、神が目をとめてくださっている。そこから彼は荒れ野に行く。荒れ野はイエスにとっての坐禅会とも言える。最後の晩餐では、父が私にご自分を与えたように、私は自分を与える、と言っている（マタ二六・二六―二九、マコ一四・二二―二五、ルカ二二・一四―二〇、ヨハ一七・一―二六）。父との関係が他者との関係へと波及する。そこから、眼差しは他者にも及び、全ての人を相手にして受け入れることが可能になるのである。

人間関係は、単なる対立でも権利関係でもなく、根源的な中心から活きるものである。神が「汝」と言うことでイエスが生まれた。根源的なものは完全であるゆえに、神は全てを与える。イエスは、「父が持っておられるものはすべて、わたしのもの」（ヨハ一六・一五）と言う。根源的な無限が、限りなく肯定的で近いものとなる。大いなる不思議であるが、神は全てでもって汝と言ってくださる。私たちも人に対して、「あなた」と、相手にする。こうして、神の命が人間関係の中に流れ込む。自分を無にすることによって、かえって自分以前の力でもって相手を肯定し、大切にできる。誰に対しても同じ態度で、全てを与える。自分が相手とされているように、他者を相手とする。そのためには、自分を手放すと共に、根源からの力を汲む。そうすれば、肯定的になって、開かれ、赦すことができるようになる。赦すことこそは自分を無にすることである。そして、それで終わらずに、命を与える。主は私たちの中にいて、中から活かしてくださるのである。

子供はおもちゃでも何でも、全て汝として扱う。それは、これはこれ、あれはあれといったふうに区別しないからである。自他の分裂のないところでは、全ては自然にあなたとなる。

区別のない関係の中で、唯一のものに向かう。祈るときには、誰もが唯一のものに集中する。この唯一のものとは、つかめるようなものではなく、その都度その都度関わるものである。人との関係においても同様なのであって、ものごとと関わる場合は時間をうまく使おうと焦ったり急いだりするが、汝と関わる場合は時間は無関係だ。焦らずに汝に触れて、そこに賭ける。そこには平安がある。

イエスもそうしたのではないか。一粒の麦が地に落ちてもよい（ヨハ一二・二四）。生活の中で、自分自身を無にして失ってもよい。辛くても自分に対して手を放して、心の根本をあげて賛成する。そうすると、私は泉となる（ヨハ四・一四）。泉との関係が新たになれば、安心して余裕を持って、任されたままで豊かに生きることができる。空の鳥のように、その日の苦労はその日だけで十分なのである（マタ六・二五―三四、ルカ一二・二二―三四）。

（二〇〇八年八月七日）

第一九章　「キリストの聖体」の祭日

――ミサ　聖書朗読　ヨハネ六章五一―五八節――

一　救済史におけるご聖体

皆様、私たちが今日キリストの聖体の祭日で祝うのは、信仰がここで具体的な形をとって、しかもそれが私たちの真ん中で行われた、という信仰全体の結実である。これはまさに、私たちの真ん中にある神秘である。このキリストの聖体の祭日を聖霊降臨、三位一体の後で祝うということには、非常に大きな意味がある。つまり、キリストの誕生・受難・復活・昇天・聖霊降臨を通して祝った救いの歴史は、今ここで私たちの間にあり、毎朝のミサでもたどることができるからである。

私たちはご聖体をどう考えたらいいのだろうか。まず第一に、確かにここに、主が私たちと共にいる。ラザロの家（ヨハ一二）、ザアカイの家（ルカ一九）に住んだように。私たちの内に住み込んでいる。そして、そこで私たちは本当に主と共にいる、近くにおられる主を拝むことができる。

次に、イエスは自分の態度の全てをもって、つまり、自分を捧げものにするという生きた形で、私たちの間におられる。キリストの生贄が私たちの間で行われるからこそ、私たちはそれに参加し、そしてキリストと共に、神に捧げられたものとなる。これは非常に重要なことであろう。

二 ご聖体の具体性

私たちはご聖体を尊敬し、キリストの偉大さを仰いでいるわけだが、ここで考えてみたいのは、むしろキリストが大変日常的な形で、パンとぶどう酒を通して共にいるという点である。

その偉大さにもかかわらずキリストは、私たちが食べるパンとなって、私たちのものとなってくださる。当たり前のような小さな日常的なことの中に、最も偉大なものがあるという、イエスに固有な現実感が、まさにご聖体の中に実現している。今年はご聖体の祝日が六月の直前になった。六月には私たちは「イエスのみこころ」を考える。ご聖体とみこころは密接につながっているのであって、私たちはキリストとの心からの結びつきを新たにすることができるように、励まされているのである。

キリストは共にいるということを、食事という形で行っている。今日の朗読にもあったように、パンとぶどう酒は命を養うものだが、しかし食事することには、もうひとつの側面がある。小さい子供は、ものを知ろうとするときに、それを口に入れる。口で味わい、口で形を確かめることには、驚くほどの具体性がある。口でもって知るということは、最も具体的に知ること、つながることなのである。

イエスは最後の晩餐で、今ここでぶどう酒を飲んでいるが、次はそれを神の国で飲むことになる、と言っている。この言葉の中には、ぶどう酒が、イエスにとってその豊かさ、そのおいしさで、喜びをもたらすものである、ということが含まれている。ものごとを具体的に感じるこのキリストが、ここに共にいてくださる。体をもって、血をもって、自分の心でもって、キリストが共にいる――このことを私たちはもう少し深く理解し、心にとめてもいいのではないだろうか。

三　食べ物との同化

具体性にはもう一つの側面がある。具体性が単に手でつかめるという意味であるならば、私たちもユダヤ人たちのように、どうしてそのようなことが可能であるのか、なぜそれに意味があるのか、分からなくなる。体の具体性が本当に活きてくるのは、まさに愛の関係の内である。最も具体的な触れ合いと、最も奥深い愛のつながりが、一つに融合する、これが人間存在の構造であり、神の業なのである。

食事をすることは、ただ養っていただき、力を取り戻させていただくことに終わるのでない。自分の全てをもって、体と心をもって、自分のいただくものと一体となることが、そこには含まれている。私たちは聖体拝領するときに、このことを実現できる。深い尊敬をもってご聖体を受け入れると共に、私たちは「雅歌」にもあるように、心から「あなた」と呼ぶ方を慕い、共になり、一体となろうとする。このような燃えている心でキリストを迎えるように、私たちはご聖体を通して招かれている。キリストが具体的な形を通して、相手となる、花婿となる、友となる、兄弟となる、このことの中に全面的な一致への招きが含まれている。全面的に一致し、真に一体となるということ、これこそがイエスの意図なのである。

食事の特徴の一つは、食べ物が私たちに同化されることにある。自分と自分のいただいた食べ物はもはや区別できなくなる。しかし同化というと、食べる人と食べられる物とは、どちらがどちらに同化されるのだろうか。トマス・アクィナスは「より強いものがより弱いものを自分自身に同化させる」〔『神学大全』第三部第七三問第三項第二異論回答〕と言う。つまり、私たちがキリストを自分に同化させるよりも、むしろ、キリストが私たちをご自身に同化させる、と言ってよいだろう。なぜならば、彼の方が強いからである。

私たちは彼との一致の中へとはめ込まれていき、彼へと変わる。彼の命が私たちの内にあることによって、私たちの命が、彼の内に、彼の命に吸収される。そういうふうに彼と全面的に一体となろうとする、という憧れが、ご聖体をいただくときには、私たちの内に生きているのである。

その際イエスは、単によく考えた上で距離をとって行っているのではない。根本的な愛の情熱をもって、つまり私たちと全面的に一致したいという憧れをもって、そうしている。彼は共に一つの心を持ちたいのだ。全く一致しあうことは互いの内にいることだと、今日の福音の中で表現されている。「わたしの肉を食べ、わたしの血を飲む者は、いつでもわたしの内におり、わたしもまたいつもその人の内にいる」。

四 燃える心

互いの一致は、私の全てがあなたのものになればよい、そしてまた、私はあなたの全てを自分の中心に迎え入れる、という態度において実現される。このように互いの内にいることとは、単に空間的、あるいは精神的にいるというだけではない。人間の本当の存在は、精神・心・魂・身体の一致のうちにあって、まさにそこでキリストが私たちとつながろうとしているのである。最も奥深い精神的なものと、具体的なパンとぶどう酒を受け入れる感覚と、身体、その全てがどこで一致しているのかというと、それは、イエスがよく使っている言葉で言えば、「心」においてである。心は人間の全体が全く不可分的に一つとなりきっている中心である。これは単なる感覚の場というよりも、そこから私たちの精神が出てきて、そこから私たちの体が出てきて、その全てを包括して、全てがそれに戻って行って、人間が内的に燃えるようになる基盤である。

エマオで二人の弟子たちは、まさにキリストがパンを割ったときに「わたしたちの心は燃えていたではないか」（ルカ二四・三二）と言っている。そのとき、心をもってキリストのことが分かったのである。人はそのように心を尽くして、キリストを迎える。自分の全ての力を一つにすれば、愛が燃えてくるからである。このように心をもって、キリストと一致することができる場、これがご聖体なのである。

五　愛と命

ご聖体は全面的な一致への招きであるが、一致は食べることだけにはよらない。今日の福音がそこからとられているヨハネ福音書第六章の全体は、パンの話になっているのだが、ここではどのようにそのパンを食べればよいのか、ということが暗示されている。ご聖体についての部分の前では、キリストをパンとしていただく人は誰なのかが問題となっている。そこでキリストは、「わたしが命のパンである。わたしのもとに来る者は決して飢えることがなく、わたしを信じる者は決して渇くことがない」（ヨ八六・三五）と言っている。食べるということと近づくこと、食べるということと信じることは同じことである。しかし、信じることが近づくこととなるのは、やはり、愛することによる。自分の全ての心で愛する人は、彼と一致したくて彼を自分の真中に受け入れるからである。この態度の中でご聖体が生きてきて、人はご聖体を通してキリストとの一致に至るのである。

ご聖体は最も具体的な行いではあるが、しかし具体的な形だけに気をとられないように注意する必要がある。ご聖体を拝領するだけでは、まだキリストが私たちと一致することにはならないのではないか――それは始まりに過ぎないのであって、自分が彼とどのように心と思いをもって一致しうるのかを考えなければならない。その中心は、全てをあなたに尽くして、私に対するあなたの心遣い、あなたの愛を信じてそれを受け入れ、あなたにつながりたい、という望みである。私の全てをとって、あなたの全てが私の中に実現されますように

――そこで初めて私とあなたが互いの内にいるようになり、一つになる。二人でありながら一体となって、神に対する捧げものとなるのである。

このようにキリストを迎えると私たちは新たになり、若返ってゆく。愛の内には命があり、イエスを受け入れることは、永遠の命に入ることなのである。では、どのようにして永遠の命を得るのだろうか。それは口と心を合わせて受け入れることによる。「アーメン、はい、主よ」と申し上げて、心を彼に挙げる。私の中に実現されるのはあなたであって、あなたが私の命なのだ、というふうに私たちは彼の命に与る。「あなたは私の命だ」と言うのは、愛の言葉にほかならない。このように、キリストは私たちの永遠の命の種、その中心、その要になっている。私たちが全面的に自分を出て、ただ彼と共にいることを望むならば、彼は全面的に私の中に住まい、とどまってくださる。

独立した者どうしが互いに一致し合うことはどのようにして可能になるのだろうか。アウグスティヌスによれば、「唯一の統一する力は、愛なのだ」〔『三位一体論』第八巻十章一四節〕というように、一致は愛による。ご聖体はまさにその実現となっているのである。

六　新しい掟

イエスはご聖体を制定するときに、これを新しい契約だと言っておられる。すなわち、これはゆるぎない根本的なつながり、神との一致なのである。

契約には、二つの側面がある。神の全面的な贈り物と、人間側からの約束である。旧約で契約が結ばれるときに、民は律法の本の朗読を聞いたうえ、「はい、私たちはそれを守ります」と約束した。キリストの新しい契約が私たちのうちに生きるためには、ただ私たちがそれを受け入れるだけでは不充分であって、私たち側からの約束も必要である。キリストが期待している約束とは、キリストの掟を守ることである。

この掟は、どのようなものなのだろうか。キリストは最後の晩餐で、彼の掟とは何かを説明しようとして、「互いに愛し合いなさい。私があなたがたを愛したように」（ヨハ一三・三四）と、弟子たちに言っている。友のためにいのちを捨てるまでも自分を与えること、これがまことの愛であり、新しい契約の約束である。新しい契約は、彼が自分自身を与えてくださったがゆえに、私たちは「あなたが私たちを愛したように、私たちは互いに愛しあうのだ」と彼に約束することによって、成立する。これによって、第二朗読（一コリ一〇・一六―一七）にあったように、私たちは一つの体となり、教会共同体となる。これは、どれほど心のうちについてこないものがあったとしても、私たちは互いに一致しあうことを自分の課題とする、という約束なのである。キリストにこのように申し上げよう。「あなたの契約にもとづいて、あなたが私たちの共通の存在、共通の中心となってくださっているのだから、あなたの燃えている愛のうちに、私たちは互いに仕えあい、互いに心を開き、あなたと共に生きた捧げものとなりたいのです。」

（二〇〇五年五月二九日）

あとがき

本書は、兵庫県宝塚市の女子御受難会修道院において、イエズス会士クラウス・リーゼンフーバー神父様が永年にわたって指導された坐禅接心会の場で話された提唱を記録したものである。

女子御受難会における坐禅会は、そもそも一九六七年にSr.マリー・ポール朝山花子が、イエズス会士ラサール愛宮真備神父様の著書『禅・悟りへの道』に出会い、感銘を受けたことに始まる。一九六九年にはSr.朝山とSr.ドロレス長谷川がラサール師の取次ぎで、東京・秋川の神冥窟でのキリスト教と禅の懇親会に参加し、そしていよいよ一九七六年にラサール師を宝塚市雲雀ケ丘の修道院にお招きして、第一回の接心が実現した。六泊七日の日程で開催されたこの会には信徒・修道者八名の参加があり、これより一二年間、毎年ご指導いただいた。

一九八九年ドイツに帰国中のラサール師が体調を崩されたとの知らせが入った。ラサール師から直筆で、もし帰国できない折には、リーゼンフーバー神父様に依頼済みとのお葉書が届いた。七月にラサール師がドイツで帰天され（享年九一歳）、この年の夏の接心にはリーゼンフーバー師がおいでくださった。以後二八年間、毎年欠かさずに来院され、夏に一週間の接心、春には一泊二日の小接心会、秋には黙想会をご指導くださった。多い時には三〇人を超す参禅者が、静かな、しかし熱い時を共に過ごさせていただいた。

その間、女子御受難会が雲雀ケ丘から売布へ移転し、Sr.朝山が帰天した後は坐禅会の世話役をSr.田中節子が引き継ぐなど、いくつかの変化があったが、師は常に変わらない静かなたたずまいで、私たちにただ一つのことに専心することをそのお姿でもって示し続けられた。師が体調を崩されてからも、指導者不在のまま提唱のテープを聴いて、坐禅会は続いている。

リーゼンフーバー師は一九三八年ドイツ・フランクフルト生まれ、ミュンヘン大学にて哲学博士号、上智大学で神学博士号を取得され、長年上智大学教授・中世思想研究所長をつとめられた、トマス・アクィナスをはじめとする中世思想の碩学である。研究者としての業績のかたわら、聖書講座・黙想会などの指導を通じて数多くの信徒・修道者・司祭を育成された。

師は来日して三年目の一九七〇年にはじめて神冥窟にて参禅され、以後坐禅の道を深めておられる。この初めての接心には、予備知識もなく参加されたとのことで、あまりに大変で驚いたが、一週間なんとか坐り通した、と思い出を語っておられた。Sr.朝山は、若き師が、あの長い足を組んで、慣れない坐禅に苦闘しておられるお姿をよく覚えている、とのことである。

リーゼンフーバー師の長年のご指導への感謝として、いただいたお言葉をまとめようという機運が有志の間で高まり、この度の出版の運びとなった。倦まずたゆまず話し続けられた提唱のテープは一五七本にものぼり、これを後世に残し、また直接師の謦咳に接する機会を持たなかった方々にもお伝えすることが、ご指導いただいた私たちの責務だと思われた。まずSr.田中が全ての提唱テープを聞き、戸田登美子と小関彩子との三人で、どれを採用するか、編集方針を協議した。青葉憲明・享子、荒木太一（聖公会司祭）、福岡順子、柳恵一郎、Sr.田中、戸田がテープ起こししたものを小関が編集した。リーゼンフーバー師が引用された哲学・神学のテキストの同定については、上智大学の佐藤直子氏に多大のご教示をいただいた。

いざ編集の作業に取り掛かると、テープから聞こえる蝉時雨の向こうから浮かび上がってくる師の静かな小さなお声を必死に聴き取り、師が伝えようとされたことを何とか理解しようとする中で、師が私たちの心に沁み込ませてくださったものの深さ・偉大さに編集者一同感動をあらたにした。

もっとも、リーゼンフーバー師は、接心において提唱は第一義的なものではない、と常に注意されていた。参加者一人一人がひたすら坐ることそのものが最も大切なのであって、提唱はその助けになるためのちょっとしたきっかけに過ぎない。提唱は「勉強」ではなく、それゆえメモをとることも許されなかった。坐禅はその時一回限りの絶対的な経験なのであり、そこで聞いたこと、得たことを思い出のように持ち帰ることに意味はない、とのお考えであった。

今回私たちが聞き取ったことを一つの形として残すこととなったが、編者の解釈によるところも大きく、師の話されたことを正確に記録できているのかどうか、不安もある。リーゼンフーバー師が体調を崩されて以降は、原稿を御本人に点検していただくことがかなわず、引用箇所などもなお推測の域を出ない。しかしながら、佐藤氏の「マイスター・エックハルトの著作として伝えられているものにも、説教を感激をもって聞いた修道女たちが彼らなりに受け止めたことを書き残したものもあるのだから」との言葉にも励まされて、ひとまずこのような形で出版することとした。

イエズス会日本管区には、今回の出版を快くご許可いただいたことに感謝申し上げる。また序文をお寄せくださった御受難会の畠神父様は、リーゼンフーバー師が一九八二年に学生・社会人を集めて結成されたアガペ会の草創期からの会員であり、師の弟子として同じ司祭の道を歩んでこられた今、あたたかいメッセージを頂戴したことに、お礼申し上げる。

本年三月三一日、師は惜しくも帰天された。本書を手に取られた方が、文字の間から聞こえてくるリーゼンフーバー師のお声に接し、師が常に伝えようとされたただ一つのものを心の奥底で受け止めて、それに生きられるようになれば、師からいただいたご恩にわずかに報いることになるのではないかと、編集者一同願っている。

二〇二二年五月二九日　主の昇天の祭日に

編集者代表　小関　彩子

人 名 索 引

事項索引

ア行

サ　行

タ　行

ナ　行

ハ　行

マ　行

ヤ・ラ　行

著者紹介

『中世思想原典集成』全二一巻（総監修、共著）平凡社
『教育思想史』全六巻（総監修、共著）東洋館出版社
『中世研究』全一一巻（監修、共著）創文社
『図説 キリスト教文化史』全三巻（日本語版監修）原書房
『西田幾多郎全集』全二四巻（共編）岩波書店

『クラウス・リーゼンフーバー小著作集』全六巻、知泉書館
『内なる生命　霊的生活への導き』聖母文庫
『われらの父よ　「主の祈り」を生きるために』教文館
『知解を求める信仰』ドン・ボスコ社

（専門）西洋中世哲学・神学、ドイツ観念論、現象学。
学術研究・教育の傍ら、キリスト教入門講座、黙想会、坐禅会等において司牧に尽力。

主要業績

"Existenzerfahrung und Religion"(Matthias-Grünewald Verlag)
"Die Transzendenz der Freiheit zum Guten"(Berchmanskolleg Verlag)
"Maria: im theologischen Verständnis von Karl Barth und Karl Rahner"(Herder)
『中世における自由と超越――人間論と形而上学の接点を求めて』創文社
『中世哲学の源流』創文社
『超越に貫かれた人間――宗教哲学の基礎づけ』創文社
『中世における理性と霊性』知泉書館
『近代哲学の根本問題』知泉書館
『中世思想史』平凡社ライブラリー
『西洋古代・中世哲学史』平凡社ライブラリー

『キリスト教史』全一一巻（日本語版共編）平凡社
『キリスト教神秘思想史』全三巻（日本語版監修）平凡社

著者紹介

クラウス・リーゼンフーバー（Kulaus Riesenhuber）
一九三八年　ドイツ、フランクフルト生まれ。
一九五八年　イエズス会入会。
一九六二年　Berchmanskolleg, Pullach 修了。
一九六七年　Ludwig-Maximilians-Universität München, Dr.phil.
同年来日。
一九六九年　上智大学文学部専任講師。
一九七一年　司祭叙階。
一九七四年　上智大学文学部助教授、同大学中世思想研究所所長（—二〇〇四年）。
一九八一年　上智大学文学部教授。
一九八九年　上智大学神学博士。
一九九〇年　秋川神冥窟（坐禅道場）主任。
二〇〇九年　上智大学文学部名誉教授。

クラウス・リーゼンフーバー

(Klaus Riesenhuber 1938-2022)

ドイツ，フランクフルト生まれ。1958年イエズス会入会。1962年Berchmanskolleg, Pullach, Lic. phil. 1967年Ludwig-Maximilians-Universität München, Dr. phil. 同年来日。1971年司祭叙階。1972年上智大学，Lic. theol., M.Div. 1989年上智大学，神学博士。

〔職歴〕1969年上智大学文学部専任講師。1974年上智大学文学部助教授，同大学中世思想研究所所長（-2004年）。1981年上智大学文学部教授。1990年秋川神冥窟（坐禅道場）主任。2009年上智大学名誉教授。ほかに，放送大学，東京大学，九州大学，東北大学，東京都立大学，早稲田大学，慶應義塾大学などで教える。

〔主要著作〕『中世哲学の源流』創文社，『中世における理性と霊性』，『近代哲学の根本問題』，『クラウス・リーゼンフーバー小著作集』全6巻（以上，知泉書館），『中世思想史』平凡社ライブラリー。

〔禅とキリスト教〕　ISBN978-4-86285-364-6

2022年5月25日　第1刷印刷
2022年5月29日　第1刷発行

著　者　クラウス・リーゼンフーバー
発行者　小　山　光　夫
印刷者　藤　原　愛　子

発行所　〒113-0033 東京都文京区本郷1-13-2
電話03（3814）6161 振替00120-6-117170
http://www.chisen.co.jp
株式会社　知泉書館

Printed in Japan　印刷・製本／藤原印刷